L’aimé meurtrier

Éditions du Rocher
28 rue Comte Félix Gastaldi BP 521 – 98015 Monaco

www.editionsdurocher.fr

ISBN : 978-2-268-10801-8
EAN : 9782268108247

Marine Mazéas

L'aimé meurtrier

Femmes de criminels et de voyous

éditions du
ROCHER

Note :

Plusieurs des témoins qui s'expriment dans cet ouvrage nous ont demandé de changer leur nom pour préserver leur anonymat.

« Nul obstacle n'inquiète l'amour, nul effort ne l'épouvante ; il tente plus qu'il ne peut, car il ne connaît rien d'impossible. L'amour croit en sa force, et que tous les succès lui sont assurés. »

Charles Nodier

Préface

Elles ont épousé un voyou, un braqueur, ou encore un meurtrier !

Vu de l'extérieur, la première réflexion qui fuse au comptoir du café du commerce, c'est : « Pourquoi faire compliqué quand on peut faire simple ? Y'a suffisamment de mecs dehors pour ne pas aller en dégoter un qui croupit derrière les barreaux ! »

Quels fantasmes, quelle fascination incitent-ils ces femmes à chambouler leur vie, peut-être un peu trop banale ou routinière, pour décider un beau matin de s'unir avec un prisonnier ? Quel parent serait heureux d'apprendre un soir que leur fille va épouser un détenu ? Pas besoin de faire un sondage pour connaître la réponse !

Basique… Une teinte de bon sens, celui qui manque parfois cruellement à notre société. Le problème sociétal est posé ; reste à comprendre le cheminement de ces femmes que rien ne prédestinait à vivre au rythme des parloirs et des permissions de quelques heures.

Et ce n'est que la première étape !

Que vont-elles découvrir, après « le coup de foudre » ? Car il y a forcément un après ! Celui de la libération, lorsque le prisonnier sort. On parle souvent de la réinsertion, qui concerne principalement l'activité professionnelle, ou le logement. Dans le cas qui nous occupe, il s'agit d'autre chose, la vie en couple au quotidien, avec son lot de contraintes, d'agacements et parfois même de frustrations. Comment passe-t-on d'une cellule de neuf mètres carrés avec cinq codétenus à un appartement plus vaste, mais que l'on doit gérer ? Quel sera le quotidien à ses côtés, quel sera le regard des autres dès lors qu'ils sauront ? Bref, autant de questions dont vous découvrirez les réponses dans ces pages.

Le sujet traité dans ce livre par ma consœur m'a immédiatement intéressé. Je sais par mon métier de journaliste d'investigation et de chroniqueur judiciaire, depuis plus de quarante ans, que ce phénomène existe et qu'il est loin d'être anecdotique ! Je sais encore par mon expérience que le crime fascine, mais le téléspectateur ne s'investit que l'espace de la diffusion du reportage, et ensuite reprend son quotidien.

Je me souviens, après avoir suivi le procès de Guy Georges, « le tueur de l'Est parisien », qui avait tué et violé de nombreuses jeunes filles, avoir lu que ce condamné « célèbre » avait de nombreuses « fans » et qu'il recevait d'innombrables demandes en mariage. Je m'étais à l'époque posé la question : mais qui sont ces candidates, quand on sait le sort qu'il a réservé à bon nombre d'entre elles, comment peut-on avoir envie de s'unir avec lui ? Certes, il y a des détenus plus « présentables », mais rencontrer un homme en détention – par définition l'individu n'est pas dans son contexte, la prison n'est pas la vraie vie ! La question est : comment va-t-il s'adapter une fois dehors ?

Il reste à Marine Mazéas la tâche de noircir des centaines de feuilles, d'écrire, de restituer les différents parcours souvent complexes de ces femmes qui ont « cédé à la tentation », écoutant bien souvent davantage leur cœur que leur raison. Comment bascule-t-on d'une vie paisible – que l'on soit gardienne de prison ou employée dans une entreprise –, bref, une vie aux apparences banales ? Et puis sur un regard, un sourire, une démarche différente, tout vole en éclats. Sont-elles donc désespérées au point de tout remettre en question ? Sont-elles conscientes du fait que l'homme, détenu, ne sera sans doute plus le même une fois la liberté recouvrée ? Le sujet est sensible, et il faut une solide expérience pour ne pas glisser dans les clichés faciles, où le sensationnel occulterait la profondeur de ces situations si complexes.

Marine Mazéas est une journaliste appliquée depuis plus de vingt ans qui possède la maîtrise de la matière judiciaire et criminelle. J'ai travaillé avec elle de nombreuses années sur des affaires et des procès à travers toute la France.

Pour toucher ces sujets, au-delà de l'expérience, il faut trois qualités que Marine possède : avoir le recul suffisant, la réflexion en profondeur et la sensibilité, outils indispensables pour comprendre et restituer les propos de celles dont on parle. Pour ce sujet délicat à traiter, il fallait que l'auteure soit une femme, une femme d'expérience, et une journaliste. Marine réunit ces trois critères.

Le rôle du journaliste est de porter à la connaissance du public un fait de société, de raconter avec objectivité un fait divers, le journaliste n'est pas un juge, encore moins un policier. Il apporte des éléments qui permettent de comprendre une situation, il ne fait pas une audition mais une interview, il n'a pas de moyens coercitifs, et il n'en a pas besoin. La seule expression commune, c'est l'enquête ! Le policier enquête pour trouver l'auteur d'un crime, le journaliste enquête pour comprendre le mécanisme qui a conduit l'auteur à commettre son crime. Une expression commune dont le sens comporte au moins deux directions.

Par sa pratique de l'enquête, Marine Mazéas nous livre plusieurs témoignages forts de femmes qui ont « cédé à la tentation ». Il a fallu les trouver, les rencontrer, et enfin les convaincre de se livrer dans ce qu'elles ont de plus intime, et ça, ce n'est pas simple !

L'auteure a réuni, pour ce livre, huit témoignages de femmes qui dans des circonstances très différentes, sont tombées amoureuses et ont décidé de s'unir avec un criminel ou un voyou incarcéré. Elles racontent dans le détail leurs rencontres, leurs parcours, trois d'entre elles sont gardiennes de prison.

Une expression m'a marqué lorsque l'auteure évoque ces femmes : « Elles sont enfermées dehors ! » Parfois le quotidien est plus compliqué pour elles, obligées de mentir à leurs proches, de gérer deux existences (celle de dedans et celle de dehors) en simultané.

Et puis s'ajoute parfois un obstacle supplémentaire, les prisonniers sont placés dans des centrales aux quatre coins de la France, et sont déplacés au gré des fantaisies de l'administration pénitentiaire. Ce qui ne simplifie pas les visites aux parloirs, lorsqu'il faut prendre le train ou la voiture pour effectuer de longs trajets qui sont coûteux.

Personnellement, j'ai aimé ce livre, j'ai aimé le récit de ces femmes simples, superbes dans leur démarche amoureuse, qui se donnent sans retenue, et se livrent avec pudeur aux regards d'inconnus, prenant sans hésiter le risque d'être jugées. Les chemins empruntés ne sont pas des plus simples, elles en connaissent les risques, et les acceptent.

Comme à l'extérieur, ces histoires ne se finissent pas toujours bien, la transition dedans-dehors peut donner lieu à un choc thermique tel qu'il entraîne une fracture irrémédiable.

J'ai aimé les descriptions de ces femmes si belles lorsqu'elles aiment sans se soucier des conséquences, sans aucun calcul. Il y a là une forme de noblesse simple dans leurs déterminations sentimentales qui personnellement me fascine.

Ce livre est une belle leçon de vie, il démontre qu'il y a beaucoup de routes pour parvenir au bonheur.

Michel Mary
grand reporter au *Nouveau Détective*
et consultant pour l'émission
« Enquêtes criminelles » sur W9.

Chapitre I
La rencontre

Sonia

La scène aurait pu se dérouler dans la rue, dans un train, un café, mais c'est dans l'enceinte d'une prison qu'elle a eu lieu.

Pourtant, jamais Sonia n'aurait pensé tomber dans les bras d'un détenu. Elle, la gardienne de prison, détentrice des clés, fille de maton de surcroît, et plutôt disciplinée.

Mais dans sa famille, outre le respect des règles, l'aide au plus démuni est une valeur cardinale. « Ma mère aidait les familles en difficulté au bureau du conseil général en région parisienne », explique-t-elle. Biberonnée à la fibre sociale, elle embrasse la carrière de surveillante de prison très jeune, portée par la vision positive véhiculée par son père. « Pour lui, c'était une mission, il était là pour aider les détenus à vivre un peu mieux leur peine. »

Plutôt réservée et sensible, la jeune femme admet aisément s'être mal entourée amoureusement durant ses premières relations. « Je ne choisissais que de mauvaises personnes qui ne me convenaient pas. Je ne pensais pas mériter mieux en fait. J'avais un gros manque de confiance en moi. » Pourtant elle plaît, séduit. Silhouette frêle, cheveux auburn coupés au carré et teint laiteux tranchent avec ses yeux vert sauge.

« Au premier abord, je peux paraître distante et froide, mais je suis sur la réserve et j'observe, explique-t-elle en femme avisée. J'ai toujours respecté les règles et je suis bien notée par ma hiérarchie. Pour autant, je sais être compréhensive avec les détenus s'ils demandent une douche supplémentaire (en principe une douche tous les deux jours) ou un repas à faire passer dans une autre cellule, je leur accorde. Il faut être intelligent, éviter le conflit et ne pas renforcer leur frustration. En revanche, ils ne connaissent pas mon prénom, ni aucune information personnelle. C'était la limite entre ma vie privée et mon travail. Une barrière psychologique qu'ils respectent. »

À 22 ans, elle obtient sa première affectation à la maison d'arrêt[1] de Villepinte en Seine-Saint-Denis et y apprend les rudiments du métier. Elle y est, entre autres, agent de parloir et scrute les compagnes de détenus.

« Quand je voyais des petites jeunes filles, jolies, attendre leurs compagnons détenus, je me demandais ce qu'elles faisaient là et je me disais qu'elles pourraient trouver beaucoup mieux dehors. Que c'était du gâchis. C'est un jugement de valeur, c'est vrai, mais c'est naturel de se dire ça. »

En 2008, après huit années à exercer consciencieusement son métier, elle rejoint son compagnon, nommé

1. Une maison d'arrêt est un établissement admettant les prévenus en attente de leur procès, placés en détention provisoire ainsi que les détenus condamnés à une peine d'emprisonnement inférieure à deux ans (ou dont le reliquat de peine, c'est-à-dire la durée de peine restant à purger, est inférieur à deux ans).

premier surveillant, au centre pénitentiaire[2] de Fresnes dans le Val-de-Marne.

Le 8 avril, *a priori* un mardi comme un autre, Sonia est affectée à la surveillance d'un atelier de reconditionnement. Deux secteurs d'environ vingt mètres carrés situés de part et d'autre d'un bureau vitré destiné à la surveillance. Un bâtiment qui porte les stigmates des précédents occupants. « Dans le portail d'accès aux véhicules, on voyait encore les impacts de balles tirées lors de l'évasion d'Antonio Ferrara[3] », explique-t-elle, un peu impressionnée.

Comme chaque jour, une trentaine de détenus s'affairent à placer des CD dans des boîtes en carton, insérer des piles dans des appareils électriques, effectuer des tâches manuelles répétitives contre quelques euros de solde leur permettant de cantiner[4] la plupart du temps.

Alors qu'elle effectue le pointage de chaque détenu à la porte d'entrée du secteur, Nathanaël apparaît dans la file d'attente. « J'ai ressenti comme une onde de choc. J'avais la sensation qu'un projecteur, une lumière s'était dirigée

2. Un centre pénitentiaire peut regrouper des régimes de détention différents comme une maison d'arrêt, un centre de détention et/ou une maison centrale. En l'espèce, Fresnes détient une maison d'arrêt pour hommes, une pour femmes et un centre de détention, c'est-à-dire un quartier qui se concentre surtout sur la réinsertion sociale et la future sortie des condamnés, ainsi qu'un quartier de semi-liberté et un autre pour les peines aménagées.

3. Figure du grand banditisme français spécialisé dans les attaques de fourgons blindés à l'explosif, il parvient à s'évader dans la nuit du 12 mars 2003 grâce à l'appui d'un commando armé d'une dizaine d'hommes, venu le chercher.

4. En France, les détenus peuvent améliorer leur quotidien en achetant des produits à la cantine de l'administration pénitentiaire tels que du tabac, des produits d'hygiène, la location d'une télévision ou encore des œufs, du lait, de la farine, etc.

vers lui. Une évidence. Il me salue, je suis pétrifiée, mais je trouve les mots pour lui répondre. »

Fraîchement transféré à Fresnes, il a été nommé contremaître au sein de l'atelier. Sourire enjôleur, teint mat et yeux clairs, l'homme de 29 ans, au charme méditerranéen, ne laisse pas indifférent. « C'est avant tout son attitude, sa démarche assurée, son charisme qui m'ont instantanément séduite. » L'élocution parfaite, l'intelligence et l'éducation du détenu surprennent Sonia. « Il vient d'une famille aisée, et s'exprime bien. Il détonne complètement avec les autres criminels qui, pour la plupart, ont connu un mauvais départ dans leur vie. » Un accident de parcours l'a pourtant conduit à tuer.

Incarcéré depuis cinq ans pour assassinat, il doit encore en effectuer vingt. De quoi dissuader n'importe quelle femme. Intimidée, déstabilisée, Sonia parvient à dissimuler son trouble pour lui expliquer le fonctionnement de l'atelier avant de rejoindre son bureau vitré et effectuer la surveillance. Une vue panoptique lui permet d'observer Nathanaël dans tous ses déplacements. Les œillades à peine masquées débutent, les sourires, le charme opère.

« Le soir même, je n'arrête pas de penser à lui. C'est insensé, incompréhensible, complètement fou ! Je me souviens alors d'une collègue qui a eu une relation avec une détenue à la prison pour femmes de Loos. À l'époque, je trouvais ça un peu dingue et je m'étais fait la réflexion que ce n'était pas près de m'arriver… »

Au fil des jours, les conversations s'engagent d'abord sur le terrain contextuel de la prison, puis sur la vie, le passé de chacun.

« Une fois la charge de travail mise en place et répartie entre les détenus, sa tâche de contremaître lui laisse pas mal de temps. Il s'approche alors de mon bureau et on discute, on apprend à se connaître. Chaque jour, je suis un peu plus captivée par son assurance, mais aussi sa sensibilité. Il coche toutes les cases de l'homme parfait en quelque sorte. Il a de l'humour, de l'esprit, de la conversation, il paraît fort, incarne l'Homme, l'épaule sur laquelle je pourrais me reposer, et les bras rassurants qui me réconforteraient. Et en plus, il est bel homme. Son seul défaut est d'être en prison. »

Consommateur de drogue, Nathanaël a été reconnu coupable d'avoir, avec un complice toxicomane, poignardé et frappé à coups de hache leur dealer auprès de qui le détenu avait cumulé une dette importante. Un meurtre prémédité puni d'une peine de vingt-cinq ans de réclusion criminelle.

Les faits n'entament nullement la ferveur de Sonia, d'autant que le jeune homme se décide rapidement à lui confier sa vérité.

« Il m'a livré une version romanesque des faits : ce dealer, à qui il devait de l'argent, menaçait sa famille. Il avait alors décidé de lui faire peur avec l'aide d'un ami. Mais la situation avait dégénéré lorsque son ami avait frappé le dealer à la tête avec une hache. L'homme blessé, couteau à la main, s'était alors retourné contre Nathanaël qui lui avait pris le couteau, puis l'avait poignardé pour se défendre. À l'audience, l'autre avait rejeté la faute sur Nathanaël et le tribunal l'avait cru. Il avait été jugé comme l'instigateur de l'assassinat parce qu'il était intelligent et malin, l'autre ne paraissant pas être aussi finaud, et avait joué la carte de la naïveté.

« Quand il me raconte ça, il émet des regrets qui me semblent sincères, mais surtout, j'ai en face de moi un homme mûr, posé, sensé qui a visiblement changé. »

La gardienne adhère aux explications du prisonnier, défend son cas, veut y croire :

« Il n'est pas un tueur en série, ni un violeur ou un agresseur d'enfant, ça je ne l'aurais pas accepté. Il a commis une erreur de jeunesse, il a droit à une seconde chance. Et puis vérification faite de son dossier, sa version peut coller puisqu'il était avec un ami qui donne la même version, chacun renvoyant sa responsabilité sur l'autre. Je préfère croire Nathanaël. »

Désormais tout acquise à sa cause, Sonia est chaque jour un peu plus éblouie par la personnalité et l'éloquence du séduisant détenu. « Plus les jours avancent, moins j'ai l'envie de rentrer chez moi. Et lui de me voir partir. Dans nos regards, c'est évident. Mais dans notre situation, impossible de nous l'avouer, c'est strictement interdit par le règlement. Je risque ma place et lui une sanction. »

Pourtant, rien ne parvient à détourner son esprit de cet homme qui occupe toutes ses pensées. « Chaque soir, j'essaie de me raisonner. Tomber amoureuse de lui entraînerait tout un tas de conséquences, à commencer par changer de métier, c'est incompatible. Est-ce qu'il en vaut la peine ? Est-ce juste un coup de cœur ou une réelle et profonde histoire d'amour ?... »

*

* *

Claudine

Chez Claudine, éleveuse de chats et mère de famille, la prison a fait irruption dans sa vie bien rangée alors que rien ne l'y prédestinait. À 27 ans, cette flamboyante blonde d'un mètre quatre-vingts, à l'accent du Sud et aux multiples tatouages, vit dans un paisible village d'Occitanie. Exaltée, passionnée, elle a toujours été une femme investie dans tout ce qu'elle entreprend : dans son métier, sa vie de femme, de mère, dans ses histoires d'amour et pour ses combats et idéaux. En couple depuis dix ans, elle et son époux sont à la tête d'une tribu de quatre enfants lorsque, fin 2018, elle se lance dans un nouveau projet grisant dont elle ne soupçonne pas les conséquences qu'il aura dans sa vie.

« Un jour, l'une de mes proches amies m'a confié qu'elle correspondait avec un homme condamné à mort aux États-Unis. Nous en avons parlé, à de nombreuses reprises, notamment lorsque cet homme a été exécuté. La peine de mort est un sujet qui m'a toujours intéressée et révoltée à la fois. Apporter mon soutien à l'un de ces détenus et mieux connaître leur réalité m'apparaissait donc nécessaire », explique simplement Claudine.

Par le biais d'une association catholique, elle obtient le contact d'un certain Ronald Wayne Clark, 50 ans, détenu numéro d'écrou 812 974 du couloir de la mort de Floride.

Claudine aborde alors cette nouvelle expérience sans angoisse, ni jugement. « Je n'avais pas plus de détails sur lui et je ne cherche pas à me renseigner sur Internet pour savoir ce qu'il a commis. Je veux le découvrir sans *a priori* et lui laisser une chance de se présenter à moi comme il le souhaite. »

Via un système de messagerie Intranet surveillée, la mère de famille et le criminel font connaissance. « Le 24 janvier 2019, j'envoie mon premier message à Ronald. Ce jour-là j'aurais dû me douter de quelque chose, car chacune de mes histoires d'amour a débuté un 24 », confie-t-elle, sourire en coin.

Très vite, les deux correspondants adoptent un rythme d'écriture quotidien grâce à la facilité de la communication par e-mail. « Dès nos premiers échanges, nous parlons beaucoup de la peine de mort et des conditions dans lesquelles il vit. Il aborde très naturellement les raisons de son incarcération en me précisant qu'il est prêt à répondre à toutes mes questions et qu'il préfère que je l'appelle Ronnie, car tout le monde le nomme ainsi. »

L'homme a, en effet, été condamné à mort à l'âge de 23 ans pour deux assassinats perpétrés à deux mois d'intervalle.

L'un en octobre 1989 où il fait la connaissance d'un certain Charles Carter, employé sur un bateau de pêche à Jacksonville. Après avoir bu, il exécute l'homme avec un fusil à canon scié et se présente le lendemain sur son lieu de travail pour obtenir son poste.

L'autre en janvier 1990, alors qu'il a été pris en autostop avec un ami par un conducteur qui s'était arrêté : Ronald le tue de huit balles de revolver. Avec son ami, il se débarrasse ensuite du corps en le jetant d'un pont après l'avoir lesté de parpaings. C'est pour ce meurtre que le correspondant de Claudine a écopé de la peine de mort, fait qu'il conteste et attribue à son complice, la perpétuité ayant été retenue pour le précédent crime.

Le casier du détenu ne surprend pas la jeune femme qui ne s'attendait pas à moins compte tenu de sa situation.

« Quand on s'engage dans ce type de correspondance, on sait qu'on ne va pas avoir affaire à un enfant de chœur. D'autant qu'il faut remettre les choses dans leur contexte. Ronnie était un gamin paumé, alcoolique et élevé sans père avec une mère absente qui devait travailler pour nourrir sa famille. Il ne s'agissait pas de nier qu'il avait tué un homme de sang-froid puisqu'il le reconnaissait, du moins pour le premier meurtre, mais d'être un soutien pour lui, alors il aurait été inopportun de juger ses actes. »

Ce sujet sensible une fois abordé, les deux correspondants poursuivent leur relation épistolaire. « Avec le temps, nous abordons notre vie personnelle, nos parcours respectifs. Et aussi étonnant que cela puisse paraître, nous nous découvrons des points communs. L'attrait pour la moto, la musique heavy metal et les tatouages notamment. » La jeune femme en possède vingt-quatre parsemés sur l'ensemble du corps et représentant des références musicales comme « 2 M » pour le chanteur Marylin Manson, le « B » de Bowie, mais aussi le prénom de ses enfants, ou des taches de panthère en référence à la race de chats qu'elle élève, des bengals.

Au fil du temps, un lien de sympathie mutuelle se crée entre eux. « Plus nous nous dévoilons, plus nous nous apprécions. Je suis épatée par son esprit combatif, son envie de faire bouger le monde, et sa profonde révolte face à l'injustice de manière générale. Caractéristiques que nous avons en commun, tout comme celle d'avoir souffert de trahisons en amour, nous avons alors le même besoin de fiabilité et de transparence dans les rapports humains. »

Claudine est d'ailleurs à ce moment de sa vie en plein questionnement quant à l'avenir de son couple.

« Mon mari et moi ne nous regardons plus beaucoup. La gestion des enfants, les graves problèmes de santé de notre dernière fille, le temps, la vie, tout ça a creusé une sorte de fossé entre nous, admet-elle, fataliste. J'ai donc du temps et de l'enthousiasme à consacrer à ma correspondance avec Ronnie. »

Après deux mois d'échanges soutenus, la Française et le détenu américain s'envoient chacun un cliché photographique. L'éleveuse découvre un homme a « l'air gentil », iris bleu profond, paupières tombantes, une mèche châtain balaie son haut front. « J'ai été attendrie, il avait un regard de nounours », confie-t-elle.

Puis, à l'initiative de Claudine, la relation des correspondants prend une tournure plus intime. Saisissant le prétexte de lui faire découvrir ses tatouages, la jeune femme lui adresse quelques-uns des motifs qui pigmentent son corps. L'occasion de lui révéler un peu de sa peau. « Je lui envoie une photo de motifs baroques situés sur mes cuisses. Un cliché autorisé, car mon intimité n'est pas visible. Ronnie me complimente et s'autorise à me dire qu'il me trouve belle et sexy. Mais il me rappelle aussi très vite que je suis mariée. »

« Sa remarque est l'occasion de me confier à lui. Il me prête une oreille attentive et se montre un précieux soutien. » Flattée par ses mots et son attention, Claudine pressent que son avenir sera prochainement bouleversé. « Les mots "*I Love You my friend*[5]" qu'il m'écrit me font me sentir toute chose. Sa personnalité, son âme, son aura, me

5. Aux États-Unis, l'expression « *Love You* » adressée à des amis ne signifie pas littéralement « Je t'aime » comme on l'entend en français, mais veut plutôt dire : « mon amie chérie, adorée ou je t'adore mon amie ».

troublent. Je comprends que je ressens bien plus qu'une simple amitié à son égard… »

*

* *

Françoise

Françoise, elle, voit Claude trois jours par semaine. Ils sont en France et tous les deux à la prison de la Santé. Elle y est infirmière; lui, prisonnier. Et nous sommes en 1973.

Dans sa vie personnelle, Françoise, 30 ans, est mariée depuis bientôt cinq ans avec Jean-Claude, et elle est maman d'une petite fille de 3 ans.

Fille d'une institutrice et d'un garde républicain, elle grandit dans un milieu bourgeois désargenté, mais avec une solide éducation. Avec son époux, ils vivent à Montrouge dans un appartement confortable. Jean-Claude travaille au ministère des Anciens Combattants, il est ajusteur d'appareils pour handicapés et Françoise est infirmière à l'hôpital. À eux deux, ils ont une bonne situation.

Mais l'amour est absent. Elle s'est embarquée dans un mariage tiède, sans amour. La faute à l'époque, où les femmes n'étaient pas si indépendantes qu'aujourd'hui.

« J'avais 25 ans, j'en avais assez de la solitude, alors j'ai fait un voyage aux Baléares et lors de ce séjour, j'ai rencontré Jean-Claude, mon futur époux. Il a commencé à me courtiser, puis s'est carrément imposé chez moi. Quand il m'a demandée en mariage, je lui ai dit que je devais réfléchir et il s'est mis à pleurer. Quand j'en ai parlé à ma mère, sa réponse a été très directe : "S'il passe la porte de chez moi, c'est parce que tu l'épouses!" Alors, j'ai accepté, sans y avoir véritablement réfléchi et sans grand enthousiasme », se résout la douce jeune femme au teint pâle et aux souples cheveux bruns.

Deux ans plus tard, à 27 ans, Françoise ressent un désir d'enfant, Isabelle, née de cette union. L'arrivée de la fillette est source de bonheur pour la jeune femme, mais son mari s'investit peu. « Je m'occupe de tout, de notre fille, des courses, des repas, tout en travaillant. Jean-Claude, lui, met les pieds sous la table en rentrant du travail. C'est une autre époque, une autre considération de la femme, et c'est aussi son tempérament. » Leur vie de couple, peu épanouissante et morne, ne l'engage pas à s'y investir davantage. Elle s'implique plutôt dans son rôle de mère et d'infirmière. « J'ai la sensation d'élever deux enfants. Je dois répondre au moindre désir de Jean-Claude qui se repose beaucoup sur moi. »

À l'approche de l'entrée en maternelle de sa fille, en septembre 1973, Françoise, qui travaille à des amplitudes horaires importantes, y compris les soirs et jours fériés, demande à changer de poste, pour s'adapter au nouvel emploi du temps de son enfant. « J'avais demandé un poste avec des horaires plus réguliers. »

Elle va désormais s'occuper de la santé de prisonniers en milieu carcéral :

« L'institut pour lequel je travaillais était spécialisé dans la détection et le traitement des maladies vénériennes comme la syphilis, et avait passé des accords avec des prisons pour tester les nouveaux arrivants en détention. Un poste d'infirmière préleveuse s'était libéré à la prison de Fresnes et celle de la Santé, je partage alors mon temps entre ces deux établissements. Trois jours dans le premier et deux jours dans l'autre. »

À Fresnes, à l'occasion de cette nouvelle affectation, elle est amenée à travailler aux côtés d'un certain Claude François[6]. Rien à voir avec le chanteur très populaire à l'époque ; lui est plutôt connu pour savoir braquer des banques à main armée et échapper à la police. Son surnom : Arsène Lupin ! – en référence au personnage de fiction, gentleman cambrioleur, doué dans l'art de se grimer pour brouiller les pistes. Mais Claude, lui, a fini par se faire prendre et a écopé de quinze ans de prison. Il lui reste alors six années à purger.

« Trois détenus travaillent pour moi, pour m'aider. Ils préparent les tubes, le matériel destinés aux prises de sang pour le dépistage des nouveaux arrivants et les traitements ensuite administrés par les médecins. Claude avait fait la guerre d'Algérie et avait quelques notions de médecine, il avait donc postulé au service infirmier de la prison. Son affectation lui permet de préparer les médicaments, les distribuer et, comme il est visiblement bien intégré et qu'il inspire confiance, il fait même régulièrement les piqûres d'insuline d'un gardien diabétique. La nuit, lorsqu'un détenu va mal, c'est lui qu'on appelle pour savoir s'il faut alerter l'interne de garde ou non. On lui fait confiance. Il a tellement rendu service qu'il est resté à la maison d'arrêt et n'est pas allé en maison centrale[7] malgré sa longue peine. »

---

6. Il se nomme en réalité Jean-Claude François, mais comme c'est également le prénom de son époux, Françoise l'a rebaptisé Claude.

7. Une maison centrale accueille les détenus définitivement condamnés à de longues peines de prison, plus quinze années, et ceux présentant des risques particuliers. Il en existe six en France.

L'homme, carrure athlétique, chevelure dorée et bouclée, un faux air de Pierre Richard, était officier dans l'armée. Mais il refuse de s'engager après trois ans de service et se lance dans le braquage de banques et fourgons à son retour en France. Sa devise est simple : ne jamais s'attaquer aux particuliers. Il ne vole que les grandes entreprises ou commerces dotés de solides assurances. Durant trois ans, il écume les banques de France en se grimant, changeant de perruque ou de moustache pour éviter d'être arrêté.

Françoise découvre ce personnage avec le temps, sans jugement : « Pour moi, tout le monde avait droit à une seconde chance dans la vie et il y avait toujours une explication à ce pourquoi les détenus étaient là. Claude avait été marqué par la guerre et avait sans doute été un adolescent voyou auparavant, mais il n'avait tué personne. Il voulait, semble-t-il, avoir de l'argent sans travailler et flamber un peu. »

À l'aise avec les détenus, elle leur apporte un peu de nourriture et des livres malgré le règlement interdisant formellement ce genre de largesse.

« Claude, plutôt manuel, souhaite être réparateur en électroménager à sa sortie, il me demande donc un bouquin pour apprendre à faire ce type de réparation. Cela me paraît normal de l'aider un peu. Quant aux biftecks que je rapporte, c'est pour améliorer un peu leur quotidien et ça ne fait de mal à personne », assume Françoise, en femme altruiste et téméraire.

Au fil des prélèvements sanguins, et des mois qui s'écoulent, une complicité se noue entre l'infirmière et le détenu. Et Claude, toujours prêt à aider, manifeste son intérêt pour la jeune et belle infirmière. « Le jour de mon anniversaire, il m'offre une boîte à bijoux et un miroir à main qu'il a fabriqués avec des allumettes », se souvient-elle, encore émue. Elle comprend que le séduisant braqueur lui porte une certaine affection et n'y est pas insensible.

« Je commence à percevoir qu'il ressent quelque chose pour moi, mais je ne laisse rien transparaître. D'autant que je n'ai pas imaginé qu'il puisse se passer quelque chose entre nous. Même s'il est vrai que j'appréciais sa personnalité. Il est généreux, courageux, très humain et il n'aime pas les alcooliques, les drogués, et ceux qui s'en prennent aux enfants. Il a une éthique, un raisonnement sain malgré l'endroit où il se trouvait. Il est une sorte de gentleman braqueur. En fait, il a eu un mauvais départ dans la vie, mais il est au fond un homme bien.

« Un jour, quelques mois après notre rencontre, il demande discrètement à ses deux codétenus de s'éclipser dans leur cellule et fait une approche pour me prendre doucement dans ses bras. À ce moment-là, j'éprouve une très forte émotion, quelque chose que je n'ai jamais ressenti auparavant. J'ai comme envie de m'accrocher à lui et ne plus le lâcher. Je suis bouleversée… »

*

* *

Hélène

Bouleversée, Hélène l'est aussi lorsqu'en juin 2006, elle reçoit un courrier arborant une Marianne, lui annonçant qu'elle a été tirée au sort pour être jurée.

Alors étudiante en lettres de 24 ans, résidant chez ses parents, elle ignore tout du fonctionnement de la justice. Le jour de la convocation, la jeune femme à la longue chevelure ondulée blond cendré se présente au tribunal de Strasbourg, plus précisément à la cour d'assises où sont jugés les crimes. Afin de constituer le jury qui tranchera de la culpabilité des prévenus, le tirage au sort débute.

Dans la salle, le président prononce son nom. « Émue, je me lève et marche en direction de la Cour en essayant de ne pas faire de bruit, de disparaître dans la fine moquette verte qui recouvre le sol », raconte-t-elle. Elle s'assied dans l'un des fauteuils des membres du jury. Elle est la deuxième jurée et porte le numéro 12.

Ceux qu'elle doit juger ainsi que les cinq autres citoyens piochés sur les listes électorales, sont trois jeunes hommes accusés d'avoir commis deux braquages de bureaux de poste de la région alsacienne. Montant du butin récolté : 15 000 euros.

Les yeux gris bleu de la jeune femme les observent, les détaillent. Elle s'étonne presque de leur humanité.

« On s'imagine que c'est comme dans les films et que les méchants rentrent avec un sale regard. Ils ont dit poliment bonjour à leurs mamans, présentes au premier rang et inquiètes de leur sort. J'ai conscience de la solennité de l'endroit et de la gravité des faits qui leur sont reprochés, mais je ne peux pas m'empêcher de penser : ce sont des gamins, qu'est-ce qu'ils font là ? »

Pourtant tous les trois risquent vingt-cinq ans de prison. C'est que ce que prévoit la loi, d'autant que lors d'un des deux braquages, un employé a été blessé à la jambe par un couteau tenu par les braqueurs.

Dès l'ouverture des débats, elle se passionne pour le procès. Au travers des témoignages des policiers, des psychiatres, des proches et amis, des témoins, Hélène et les autres jurés découvrent la vie de chacun des accusés et les faits reprochés dans le détail.

Le parcours de l'un d'eux, Ismaël, teint hâlé et cheveux noirs coupés court, touche particulièrement l'étudiante. Ballotté entre la France et l'Algérie, enlevé par son père dès le plus jeune âge, il devient ensuite un adolescent turbulent, révolté, qui ne parvient pas à renouer avec sa mère en France. Dans la rue à 18 ans, il commence à voler, trafiquer de la drogue et braquer. « Il a l'air passablement fatigué et éprouvé par les événements », remarque la jeune jurée.

Depuis son incarcération trois ans auparavant, sa compagne a coupé les ponts et il ne voit plus son fils de 7 ans. Sa situation attendrit Hélène qui se trouve confrontée à des parcours de vie bien éloignés du sien.

« Je me rends compte à quel point, issue d'une famille normale, ayant grandi à la campagne, j'ai eu une chance folle. Ces hommes ont grandi à trente kilomètres de moi, pas à l'autre bout du monde et pourtant, il existe un fossé entre nous. En entendant leurs témoignages, je suis submergée par l'émotion, et il me vient cette terrible envie de leur rendre, moi, tout ce que j'ai eu la chance de recevoir : de l'amour, du soutien, une éducation, des repères, une épaule sur laquelle pleurer, et surtout des mots, des mots pour tout dire… »

La présence des parents et amis du prévenu de 28 ans dans la salle, en soutien, adoucit encore plus son image auprès de la jeune femme. « Cela prouvait bien qu'il n'était pas une mauvaise personne, il avait une vie sociale, une famille prête à s'unir autour de lui malgré leurs désaccords, son acte était à l'évidence le résultat d'une erreur de trajectoire. »

Puis Ismaël expose ses occupations en prison, principalement la lecture à laquelle il a pris goût. La dernière en date est un ouvrage de Paulo Coelho, *L'Alchimiste.* Cette information, en apparence anodine, provoque un déclic chez Hélène dont elle ignore encore l'impact qu'il aura sur son avenir. « Je venais justement de lire ce grand classique, alors je suis surprise, interpellée. D'autant que malgré son peu d'éducation, il semble avoir une certaine culture littéraire. J'y suis forcément sensible, étant moi-même une amoureuse des études et de la langue française. »

Puis, au fil de son récit, l'homme touche encore plus profondément la jeune femme.

« Ses mots, son attitude, ses failles me font me sentir proche de lui. Tout comme moi, il manque cruellement de confiance en soi. Il est timide, mal à l'aise. Je le suis aussi en société, notamment à cause de mon passé d'ancienne obèse, complexe dont je ne suis pas encore débarrassée. Il montre aussi une grande naïveté, ce qui explique en partie ses mauvaises fréquentations et sa présence au tribunal. Il a connu des déceptions amères, comme avec la mère de son fils qui l'a abandonné au pire moment. Pour ma part, j'ai souvent été abusée par des amitiés intéressées dans lesquelles je m'étais beaucoup investie. »

Durant les quatre jours du procès, Hélène prend son rôle très au sérieux, note tout des débats, potasse le code de procédure pénale. « Je suis extrêmement concentrée, car je ne veux en aucun cas me tromper dans ma décision. Il va falloir l'assumer après et vivre avec. »

À l'issue de l'audience, l'avocat général requiert dix ans de prison à l'encontre des trois accusés. Le jury, après sept heures de délibération, se prononce en faveur de huit ans ferme pour Ismaël et cinq ans pour les deux autres. Bien loin des vingt-cinq ans encourus. « Nous avions tous compris qu'il s'agissait de trois garçons paumés et pas bien méchants qu'il était inutile d'envoyer plus longtemps en détention », résume Hélène.

Ismaël ne réagit pas et repart, menottes aux poignets, encadré par deux gendarmes.

En rentrant chez elle ce soir-là, la jeune jurée est éprouvée et tracassée : « Je pense à eux, j'ai mal à ma conscience, parce que même s'ils étaient coupables, ils vont retourner à la maison d'arrêt, un lieu bien loin du confort du "Club Med" comme l'imaginent certains. Je prie pour qu'ils ne trouvent pas la peine trop sévère et je pense à lui, Ismaël, à ce qu'il a dit devant nous, et combien je me suis sentie proche et touchée par ses mots. »

Dès le lendemain, Hélène se renseigne. A-t-elle le droit d'écrire à un condamné qu'elle a jugé ? La loi ne l'interdit pas, mais la juge qui l'en informe lui conseille de bien se protéger et de le protéger aussi. « D'une part, il aurait pu vouloir se venger de la peine que j'avais décidée en tant que juré. D'autre part, je devais être vigilante à ne pas lui faire espérer des choses pour ne pas lui faire plus de mal. »

Mais cette envie de lui tendre la main est plus forte : « Il a été condamné le mardi, je lui ai écrit le vendredi, explique-t-elle. J'ai commencé ma lettre en lui indiquant à quelle place j'étais assise, puis je me suis décrite physiquement pour qu'il puisse mettre un visage sur mon nom. Je lui ai, ensuite, demandé de quelle façon je pouvais lui apporter mon aide. Car c'était là mon seul objectif. Peut-être pour formuler des courriers juridiques ou simplement échanger avec une personne qui ne venait pas du même monde pour élargir ses sombres horizons, enfermés entre quatre murs. Et je me suis excusée aussi parce que je n'avais pas digéré de condamner des hommes, même si je sais qu'il fallait qu'ils soient punis. »

Elle joint à sa missive un poème de Prévert, *Le Météore*, évoquant le sort d'un prisonnier. « En postant la lettre, je me suis dit : "Je suis folle, je suis folle", et en même temps, je m'en serais voulu toute ma vie de ne pas l'avoir fait. »

Elle ne le perçoit pas encore, mais lors de ce procès, Ismaël l'a touchée au cœur de façon indélébile et ce courrier porteur de bonne volonté va définitivement changer le cours de sa vie.

*

* *

Agnès

Des courriers évocateurs et fondateurs, Agnès en échangera des centaines. Mais avec un interlocuteur qu'elle n'envisageait pas.

Car les premiers temps, dans les yeux ronds de la jeune gardienne de 28 ans à la coupe garçonne, on ne distingue pas de sympathie particulière pour Gabriel, un détenu guadeloupéen lourdement condamné. Sûr de lui, l'air pas commode, l'homme aux longues dreadlocks relevées en chignon est incarcéré depuis trois ans, il connaît donc les rouages de la détention et sait se faire respecter. Transféré des Antilles où son procès a fait grand bruit, il a été condamné à vingt-trois ans de réclusion criminelle.

Gabriel a abattu son ex-compagne de plusieurs balles de fusil sur son lieu de travail après l'annonce de leur rupture. Dès son arrestation, il avait reconnu les faits. Mais la gardienne, peu impressionnable, le considère comme un prisonnier lambda, un meurtrier parmi les autres qui occupent les deux cent trente cellules de l'établissement. « Je ne supportais pas sa façon d'être. Il était très imbu de sa personne, hautain avec le personnel carcéral. Il n'y avait pas d'éclats de voix, mais on lisait tout ce qu'il pensait – de mal – dans son regard. »

Responsable de formation dans la prison, Agnès gère les commandes de matériel, équipements, les emplois du temps afin d'organiser au mieux les ateliers et les divers cours de cuisine, de mathématiques ou encore de boulangerie, dispensés sur place.

« C'est l'aspect social de cette mission que je briguais en passant le concours à 20 ans. Je me souviens encore du slogan diffusé à la télévision : "La prison change, changez-la avec nous!" Ça m'avait décidée à m'engager dans cette voie. À la prison, je vois alors les détenus dans un autre cadre que leur surveillance ou l'ouverture et la fermeture des portes, donc c'est propice à instaurer une confiance mutuelle et entretenir de bonnes relations tout en gardant une certaine distance. »

Chaque détenu qui suit une formation passe obligatoirement devant le bureau d'Agnès, stratégiquement situé à l'entrée du quartier destiné à l'enseignement. « Tout le monde s'arrête pour me saluer, parler quelques instants, parfois certains s'installent un peu plus longuement sur la chaise des invités », explique l'énergique et attentive responsable.

Gabriel n'est pas de ceux-là. Inscrit au cours préparant au diplôme d'accès aux études universitaires, l'équivalent du baccalauréat, il se contente d'un simple bonjour à la gardienne chaque jour à 16 heures en rejoignant la salle de classe. Puis, au fil du temps, il s'attarde un peu plus à la porte du bureau de la surveillante. « Petit à petit, la tension est tombée. Même si je porte un uniforme, il ne fait plus preuve de défiance à mon égard. On apprend à se connaître. »

Agnès découvre un homme « franc, travailleur, avec une vraie volonté de s'en sortir ». Le physique athlétique, affûté du prisonnier, sa peau d'ébène, son attitude de *bad boy* attirent irrésistiblement la gardienne, par ailleurs maman d'un petit garçon de 4 ans et en couple avec un collègue d'un autre établissement.

Une nuit, la jeune femme fait un rêve perturbant. « Il y avait une mutinerie dans la prison et j'étais coincée entre mes collègues et les détenus. Les gardiens me demandaient de les rejoindre et de l'autre côté, Gabriel m'appelait vers lui. Finalement, c'est lui que je suivais… »

Dans son quotidien, Agnès fait bonne figure, même si les regards sont devenus plus doux et enveloppants, plus tendres entre eux. Gabriel se fait aussi plus présent dans le bureau de la gardienne, plus souriant. Il se rend désormais en cours en sifflotant, un air heureux affiché sur son visage.

« Un jour, je me rends compte que durant toute la journée, j'attends que résonne son pas dans le couloir et son sifflement dans l'escalier. Là, je comprends qu'il ne s'agit plus simplement d'une bonne entente et que je vais devoir me poser les bonnes questions. »

*
* *

Chloé

Comme pour les gardiens, tous ceux qui interviennent en prison doivent obéir à la même règle : pas de relation avec un détenu. Mais ça, c'est la théorie… Et à Chloé, on l'a expliqué lorsque, au printemps 2016, elle s'est proposée comme bénévole auprès de l'association Génépi qui offre différents cours de soutien scolaire et ateliers en détention.

À l'époque la jeune femme de 29 ans est enceinte de quatre mois et a cessé, le temps de son congé maternité, son activité d'éducatrice spécialisée auprès d'adultes handicapés psychotiques.

« Vu mon état, il était trop risqué de continuer à exercer dans mon domaine, car les patients peuvent parfois se montrer violents. Je ne connaissais pas du tout le milieu carcéral et je ne savais pas si j'aurais les épaules pour y entrer tous les jours, mais j'avais envie d'aider. J'ai toujours été tournée vers l'autre avec l'envie d'apporter mes compétences et là, en l'occurrence, j'avais déjà donné des cours particuliers, donc ça tombait bien. »

Le profil de la candidate est idéal. Volontaire, motivée, et par ailleurs, *a priori* engagée dans une vie personnelle équilibrée. En théorie, là encore…

Pour ses premières entrées en prison, Chloé, petite brune aux pommettes rehaussées et grands yeux noisette, est observatrice aux côtés de bénévoles expérimentées. Elle se familiarise avec les règles de la détention, les fouilles, à l'entrée et la sortie, les attentes dans les sas, les bruits de clés, les alarmes, et tout ce qui constitue et régit la vie en détention. On lui prodigue également des conseils : ne pas aborder les crimes des détenus, ne pas nouer de liens affectifs avec eux et leur éviter toute tentation en venant sans maquillage, sans vêtement trop près du corps ou qui dévoile trop de peau. Chloé intègre ces préconisations et les rudiments de la détention sans appréhension. « Cette intégration progressive m'a mise à l'aise et, dès les premiers jours, j'ai un bon relationnel avec les détenus. J'anime des ateliers de jeux de société, de débats et donne des cours de soutien à ceux qui s'y inscrivent. Ça me plaît, je me sens utile. »

Dans ce cadre, Chloé est alors présentée à Loïc en mai 2016. Dès le premier contact, la première poignée de main, c'est un coup de cœur. « Je suis comme happée par le long regard qu'il m'adresse. C'est une sensation étrange et inédite pour moi. Il commence à m'expliquer ce qu'il souhaite étudier, il est très charismatique dans sa façon d'être, dans sa façon de parler. Son sourire est si beau, charmant. Je suis complètement déboussolée. »

Le jeune détenu de 24 ans au physique charpenté, barbe de trois jours sur un visage taillé à la serpe et dentition parfaite, a pour objectif de passer le brevet des collèges et un CAP. Il a arrêté ses études très jeune et souhaite pouvoir trouver un emploi à sa sortie. Lors de ce premier entretien, ses objectifs sont définis, ainsi que la fréquence des cours. Quatre à six heures par semaine pour étudier les mathématiques et l'anglais.

Troublée, Chloé maintient une distance prudente, d'autant qu'elle ignore la nature du crime perpétré par Loïc. « Si j'avais su avant, je n'aurais pas été à l'aise, j'aurais peut-être même refusé cette mission. »

Le jeune homme purge une peine de quinze ans pour assassinat. Et s'en explique dès le deuxième cours : « J'ai pris dix-huit ans ramenés à quinze, mais c'est pas une affaire de mœurs. J'ai tué quelqu'un », débute-t-il. Puis il livre les détails de son crime. Un jour, alors qu'il est sans-abri et toxicomane depuis plusieurs mois, un homme lui tend la main et propose de l'héberger et le nourrir contre quelques travaux de rénovation dans sa ferme. Un an plus tard, Loïc le tue de nombreux coups de marteau sans raison apparente.

« Il me raconte alors qu'il en est arrivé là à cause d'une enfance fracassée et violente. Il est un enfant issu d'un viol, il a ensuite été battu par son beau-père, puis ballotté de foyer en famille d'accueil. La drogue, la rue l'ont conduit à cet extrême… "Dans mon monde, dans la rue, ça se passe comme ça. Soit tu survis, soit tu crèves", a-t-il conclu. »

Ébranlée par les révélations du détenu et sa volonté d'en sortir malgré son parcours chaotique, la jeune femme est encore plus troublée qu'elle ne l'était déjà. Mais elle est aussi choquée par le manque de regrets exprimé par Loïc, du moins pas celui d'avoir tué. « J'aurais jamais dû me faire attraper, j'ai été mauvais », déplore-t-il.

La jeune femme, décidée à ne pas juger, se concentre alors sur son rôle d'enseignante bénévole.

Durant deux heures, l'étudiant prisonnier bûche et fait preuve d'une grande assiduité. « En mathématiques, il est plutôt doué. Il a l'esprit logique et il est motivé », rapporte Chloé.

Durant les temps de pause, le détenu se montre curieux. Il questionne la professeure sur ses passions, ses loisirs à l'extérieur, sa vie dehors et lui confie ses projets une fois sa peine effectuée. « Je lui parle volontiers, mais sans donner de détails précis et je n'évoque jamais ma famille. Lui m'indique qu'il veut vivre au grand air à la campagne, acheter une ferme et s'entourer d'animaux. »

Prévenant, attentionné, Loïc s'empresse de présenter sa chaise à la jeune femme enceinte et l'installe au mieux au début de chaque séance de travail, lui propose régulièrement un verre d'eau, s'enquiert souvent de son état.

Entre eux, le courant passe déraisonnablement bien. Et le discours du détenu évolue, devient plus audible et séduisant à l'oreille de Chloé. « Au fur et à mesure de ses séances avec la psychologue de la prison, il émet des regrets sincères d'avoir ôté la vie d'un homme. Il dormait très mal, car il revoyait la scène de son crime sans cesse. »

Petit à petit, alors qu'entre la professeure et son élève une confiance et une connivence se sont installées, les discussions prennent le pas sur les études. « On se parle de plus en plus et on travaille de moins en moins. On entre dans la sphère privée. Chacun fait des confidences plus intimes. »

Dans la vaste salle de classe, assis l'un à côté de l'autre, la silhouette gracile de Chloé frôle la carrure trapue de l'homme aux imposants tatouages. Les longs cheveux de l'éducatrice caressent les épaules musclées du prisonnier.

Désormais, les surveillants ne passent plus tous les quarts d'heure comme au début. La confiance est acquise, pas d'incident. La professeure et son élève semblent travailler sérieusement et intensément. « À son contact, j'ai un sentiment de bien-être. Celui d'être dans une bulle toute douce, agréable, un peu cotonneuse. C'est léger, plus rien n'existe autour. Je me sens dangereusement glisser vers un sentiment amoureux… »

*
* *

Sigrid

Étudiante française à Copenhague, Sigrid s'intéresse aussi de près au sort des prisonniers, mais ceux dont la vie est menacée. Elle correspond d'ailleurs depuis de nombreuses années avec l'un d'eux, prénommé James. Un rôle essentiel pour elle.

« D'aussi loin que je me souvienne, j'ai toujours été contre la peine de mort, je détestais les histoires de guillotine dans les cours d'histoire à l'école primaire. J'ai d'ailleurs toujours eu l'impression un peu naïve que si j'étais née en 1981 (année de l'abolition de la peine de mort en France), ce n'était pas anodin. À l'adolescence, j'ai été choquée de découvrir que les États-Unis exécutaient des hommes, parfois des mineurs », explique la jeune femme au teint diaphane et cheveux d'un blond nordique.

Naturellement, elle a donc souhaité communiquer avec un détenu dans le couloir de la mort : « Quand j'ai eu accès à Internet, après mon bac, j'ai découvert des chroniques très intéressantes écrites par James, incarcéré en Floride, je lui ai donc adressé un courrier. Je ne savais pas vraiment pour quelles raisons il avait été condamné, mais peu importait. Pour moi, ce système n'est pas acceptable. Comment peut-on programmer la mort de quelqu'un ? C'est atroce, quoi qu'il ait fait. Lui apporter un soutien et de l'humanité est ma façon de militer, à mon échelle. »

Début 2014, alors qu'elle est désormais plus impliquée et renseignée sur le couloir de la mort, elle se met en recherche d'un correspondant un peu plus jeune et plus près des préoccupations de son âge. Elle ne mesure pas à quel point cette décision va opérer un tournant décisif dans sa vie.

« Un soir, j'effectue une recherche sur un site d'annonces de détenus. Je remplis deux simples critères : l'âge – entre 25 et 35 ans – et la mention *death row*[8]. Le profil d'un certain Alan s'affiche. »

Dans son annonce, Alan se décrit : âgé de 26 ans, déjà condamné depuis cinq ans. Taille, poids, ville d'origine, signe astrologique, tout est spécifié. Y compris son intérêt pour la philosophie, la théologie et les différentes cultures, sujets autour desquels il espère s'entretenir par écrit avec une correspondante. « Sa présentation est assez courte, mais il montre des intérêts qui se démarquent un peu des autres. Il précise être ouvert à tout type de correspondant sans critère de race, genre ou religion. »

À côté de ses qualités et souhaits, une photo de profil. Pareil à un site de rencontre. Châtain aux yeux clairs, crâne rasé, mâchoire carrée et stature solide, il est vêtu de la réglementaire blouse orange. « Contrairement aux autres, il n'a pas choisi de photo torse nu et ne recherche pas de relation amoureuse. Et cela tombe bien, car moi non plus ! Par ailleurs, j'aime sa conclusion, il dit qu'il cherche "quelqu'un avec qui partager des histoires de vie". C'est simple et ça me parle. » Même s'il n'affiche pas son torse et des abdominaux sculptés, Alan est beau garçon et séduit nombre de femmes de tout âge qui lui adressent des missives enflammées. « Plein de femmes écrivent juste pour pimenter leur vie. C'est connu. Ce n'est pas ma démarche. »

8. Couloir de la mort.

Pourtant ni Tinder ni Meetic n'auraient accepté cette dernière mention : son casier judiciaire. Car si Alan est dans le couloir de la mort, c'est pour avoir volé, enlevé, puis enterré vivant un couple de retraités dans un chemin de terre à Jacksonville avec l'aide de trois complices. C'est du moins ce que la justice américaine lui reproche, et ce qui est affiché sur son profil.

Loin de lui glacer le sang, les faits n'effraient pas Sigrid qui lui envoie aussitôt un courrier.

« Pour moi, une personne ne se résume pas à ses crimes et je pense que c'est en la traitant avec humanité qu'il y a un espoir de réhabilitation. Par ailleurs, ce n'est pas à moi de juger. Je sais que c'est difficile à comprendre, mais même à un tueur d'enfants, le pire crime que l'on puisse commettre, je pourrais lui écrire. Tout le monde a droit à une seconde chance. Je ne veux pas faire de distinction entre les crimes », explique résolument et avec conviction Sigrid.

Alors, la jeune femme prépare une première lettre à son intention avec tout de même quelques craintes.

« Je suis choquée et très étonnée qu'un homme si jeune soit confronté à une mort quasi certaine. Ce que je ne sais pas, c'est s'il a déjà épuisé tous ses recours. Je crains qu'il soit en bout de course et exécuté sous peu. Même si cela paraît paradoxal, je ne souhaite pas créer de lien avec une personne vouée à mourir très prochainement. Je sais que j'aurais beaucoup de mal à m'en remettre, d'autant plus si nous devenons amis. Mais je suis curieuse d'en savoir plus sur lui. »

C'est ainsi qu'elle entame une relation épistolaire avec Alan :

« Nos premiers échanges sont un peu bateau comme souvent quand on ne se connaît pas. On se présente. Et puis, assez vite, peut-être parce que c'est encore très récent, je lui parle de mon père que je viens de perdre suite à un cancer. Lui évoque sa mère, elle aussi a été atteinte du même mal, mais elle a guéri. C'est une porte d'entrée vers de multiples conversations autour de la mort, la santé... vers des sujets profonds. »

Très vite, Alan devient un précieux confident : « Je peux vraiment tout partager avec lui, je me sens libre et écoutée. Être 100 % soi-même avec quelqu'un, c'est un rêve ! Je suis séduite par son écriture. Il s'exprime très bien, et paraît érudit malgré son parcours et une incarcération à seulement 18 ans. Depuis, il a beaucoup lu et s'est instruit seul. Je suis sensible à ça, à sa littérature, à son esprit, drôle et réfléchi. »

Sigrid découvre aussi le parcours de vie très tourmenté d'Alan : « Sa vie était un film américain pour nous les Français. Moi, j'ai eu une vie banale et routinière avant notre rencontre : des parents mariés, un frère et une sœur, une famille classique, des journées rythmées par l'école. Je n'ai jamais fumé une seule cigarette ou touché à la drogue. J'ai toujours été sage, dans les clous.

« Ses parents à lui ont divorcé alors qu'il avait 6 ans et peu après, il a commencé à consommer de l'alcool. À 12 ans, il testait la drogue. Devenu accro, il volait pour le compte de ses dealers qui lui fournissaient sa dose quotidienne. Sa mère élevait ses trois garçons seule et travaillait beaucoup pour ça. Elle était donc souvent absente et Alan livré à lui-même. Il était à la dérive totale jusqu'à son arrestation. Il avait pris un très mauvais départ dans la vie. »

Au rythme de deux à trois lettres par semaine, Sigrid et Alan nouent des liens forts. Elle admet qu'il est devenu

« trop difficile » d'attendre les réponses du prisonnier et lui écrit avant même de recevoir ses lettres.

« On a trop de choses à se dire en continu, et il est formellement interdit de téléphoner. Je n'ai aucune idée du son de sa voix, mais ce dont je suis sûre, c'est qu'on se comprend vraiment bien.

« Un jour, je me fais la réflexion que notre rencontre est celle de deux personnes avec des expériences de vie radicalement différentes mais avec le même "cœur". Il est mon alter ego : loyal, franc, honnête, ouvert d'esprit. Une ""bonne personne". Sa grande aspiration, c'est sa recherche de l'amour. Aimer et être aimé. »

Une pureté, un romantisme qui bouleverse totalement Sigrid. Elle dont les relations passées n'ont jamais été vibrantes, ni fougueuses, ni passionnées. « J'ai connu trop de désillusions et j'ai laissé tomber cette utopie pour ma part. Le grand amour, je n'y crois plus tellement. »

À chaque passage du facteur, elle accourt désormais vers sa boîte aux lettres.

« Quand j'entends le bruit du vélo du facteur par la fenêtre, je dévale les escaliers de l'immeuble pour récupérer mon courrier. Et si je le loupe, je descends à ma boîte jusqu'à trois fois pour vérifier et revérifier durant la journée. C'est presque une dépendance. Alan me rend heureuse, me fait rire et m'intrigue aussi. »

Son comportement n'interroge pourtant pas Sigrid qui n'envisage aucunement de relation dans ce contexte. Mais Alan, lui, a pris conscience de ses sentiments et seulement trois mois après avoir fait sa connaissance, il se déclare longuement à sa jolie correspondante. « Un jour, alors que je ne m'y attends pas, il m'envoie une longue lettre de trente pages dans laquelle il me dit combien nos échanges lui apportent, que nous sommes similaires et qu'il me trouve belle. Avec son courrier, il a joint un formulaire de visite au cas où je souhaiterais aller le voir un jour… »

*

* *

Laure

Trousseau de clés à la main, Laure n'a, elle, pas besoin d'autorisation pour voir des détenus puisqu'elle en côtoie au quotidien. Elle ouvre les cellules, les sas et effectue la surveillance à la maison d'arrêt de Moulins-Yzeure.

Pourtant, rien ne la prédestinait à devenir gardienne de prison ou matonne, comme on les nomme dans le jargon de la prison. Avant cela, elle travaillait dans un office HLM. « Je m'ennuyais, j'ai donc décidé de tenter d'intégrer l'administration pénitentiaire. J'ai eu le concours sans difficulté, puis j'ai commencé à l'âge de 26 ans. »

Un jour de 2007, *a priori* anodin, elle croise le regard de Christos, un détenu belge d'origine grecque, récemment transféré, qu'elle n'a encore jamais vu. « Il est escorté par des collègues pour aller au quartier disciplinaire. Dès que je le vois, je tombe sous son charme. Un coup de foudre instantané », affirme-t-elle.

À ce moment, la gardienne aux yeux verts et aux longs cheveux châtains est célibataire depuis peu, et mère d'un adolescent de 15 ans, mais elle ne souhaite pas particulièrement s'investir dans une relation amoureuse, encore moins avec un détenu.

Cet échange de regard, ces frissons, cette chaleur qui l'a envahie lorsqu'ils se sont croisés la perturbe. Depuis dix ans qu'elle porte l'uniforme, elle a rencontré des centaines de détenus dans différents établissements et c'est bien la première fois qu'elle ressent une telle émotion. Qui peut bien être ce brun ténébreux dont le simple regard a percé sa carapace et fait chavirer son cœur ?

L'homme de 39 ans, à la démarche volontaire et l'attitude déterminée, est un redoutable voleur. Qualifié de meneur par l'accusation, il a été condamné à quinze ans de réclusion criminelle pour douze vols avec violence dont sept accompagnés de séquestrations. Des cambriolages commis pendant une cavale après s'être échappé d'une prison belge où il était détenu pour des faits antérieurs.

« Vêtus de noir, encagoulés et armés, le détenu et ses complices s'introduisaient au domicile ou sur le lieu de travail des victimes avant de les ligoter à l'aide de menottes ou de bande adhésive. Ils réclamaient ensuite les combinaisons des coffres-forts ou à défaut les codes des cartes bancaires dont ils s'emparaient », relate le journal belge *La Dernière Heure.*

Qu'importe pour Laure, dont les pensées sont désormais occupées par le visage et le charisme du braqueur retenu quelques jours au mitard :

« Une fois sa sanction disciplinaire effectuée, il est affecté dans une cellule située dans les étages de la prison. C'est là que je travaille, je gère le flux des détenus, surveille les coursives, nous sommes donc amenés à nous voir tous les jours. »

Un simple bonjour en premier lieu, donne suite à des échanges plus fournis. « Avec le temps, on a appris à se connaître. Il est très charmant, il me plaît beaucoup. »

La gardienne et le prisonnier se rapprochent doucement et flirtent dangereusement avec les limites de la loi carcérale.

Chapitre II
Céder à la tentation ou non ?

Sonia

Séduite depuis le premier jour par l'esprit et la bonne éducation de Nathanaël, la surveillante aux yeux vert sauge originaire du nord de la France est en plein dilemme. Perturbée par les sentiments qui l'envahissent, elle est tracassée par de nombreuses questions, d'autant que le charme du détenu l'envoûte un peu plus chaque jour.

« Une voix me dit "attention, attention", comme un petit ange protecteur, et le petit démon sur mon autre épaule m'encourage à me laisser aller vers lui. Mais il a été condamné à vingt-cinq ans de prison, c'est long, même s'il ne devait n'effectuer que la moitié de sa peine[1]. Et dans son dossier, un élément m'alerte. Son ex-compagne a déposé plainte, car il l'aurait étranglée après qu'elle lui a annoncé leur rupture. Je veux en avoir le cœur net, et je lui en parle.

1. Le jeu des remises de peine permet, après une période de sûreté si elle a été prononcée par le tribunal, à un détenu de réduire son incarcération s'il remplit certaines conditions, notamment un comportement exemplaire en détention.

Il balaie très vite le problème en m'expliquant qu'elle est folle et hystérique, pour preuve, elle a retiré sa plainte depuis. Comme au sujet de la version qu'il m'a livrée de son crime, j'ai envie de lui faire confiance. »

Déstabilisée par le milieu bourgeois dans lequel a grandi Nathanaël, ses bonnes manières et sa présentation impeccable, elle doute, en effet, qu'il ait pu devenir criminel volontairement et soit un homme violent envers les femmes. Et l'habileté de langage dont il fait preuve ne fait que renforcer l'impression de la jeune surveillante. « J'ai le sentiment qu'il n'est pas comme les autres prisonniers, possiblement manipulateurs, qui se disent tous innocents. Il a un tout autre profil qui me laisse penser qu'il a une belle âme malgré son numéro d'écrou. »

Un espoir attisé par une déception vécue quelques mois plus tôt et dont la gardienne peine à se remettre. « En juin 2008, je devais me marier, j'avais acheté ma robe, la salle de réception était réservée, mais mon compagnon a décidé d'annuler notre union six mois plus tôt pour retourner auprès de son ex-femme. Ça a été un très gros coup dur », explique-t-elle.

Pour autant, Sonia se conforme à son rôle de surveillante et reste prudente. Il n'est pas le premier à lui porter de l'intérêt. Serait-il un énième convoiteur séducteur ?

« Même si je pense à lui chaque soir, que je suis enthousiaste à l'idée de le revoir chaque matin, je reste vigilante. Je me demande souvent si je ne suis pas juste un défi pour lui, un trophée pour se vanter auprès des autres d'avoir séduit la surveillante ou alors s'il ne me manipule pas pour obtenir des faveurs, des passe-droits. »

En effet, si la jeune femme se laisse aller à un sentiment amoureux, elle a conscience que céder à la tentation signifierait aussi changer de métier, faire un choix délicat. Alors elle tente de se raisonner, de rester du bon côté des grilles de la prison. Des résolutions constamment balayées dès qu'elle croise Nathanaël et plus encore lorsqu'elle se doit d'appliquer les règles qui régissent son métier, sans affect ni état d'âme.

« Un soir, après une journée passée à l'atelier avec lui, je le raccompagne à sa cellule, comme les autres détenus, et je ferme la porte – un silence. C'est atroce. L'enfermer me crève le cœur. Pourtant j'ai déjà fermé des centaines de portes, tourné la clé dans la serrure à la chaîne, sans me poser de questions. Là, je comprends que je tiens vraiment à lui, il ne s'agit pas d'un simple flirt. »

Les jours suivants à l'atelier, leurs conversations se prolongent, s'étirent. La séduction se poursuit, sensation délicieuse dont Sonia se délecte. « C'est fluide, facile entre nous. On est dans notre bulle comme si rien d'autre n'existait autour de nous. Il me parle de ses projets à l'extérieur. Il souhaite créer un gîte d'hébergement dans les contrées lointaines du Canada. Je m'imagine faire partie de cette aventure. »

Dans l'ambiance confinée de la maison d'arrêt de Fresnes, le prisonnier parvient à faire rêver la gardienne. Elle est happée par ses belles paroles, lui sourit et baisse la garde. Elle semble oublier ses vigilants collègues intrigués par leur évidente complicité. La situation ne tarde pas à parvenir aux oreilles de la direction et entraîne l'application de mesures irrémédiables. Sonia et Nathanaël sont alors brutalement séparés trois mois après leur rencontre, précipitant la jeune femme dans une profonde dépression.

*

* *

Claudine

Encore à l'euphorie de sa passionnante correspondance avec Ronnie, la jeune éleveuse est, elle, heureuse, mais commence tout de même à s'interroger : « Mon attirance pour cet homme me perturbe. Je prends quelques jours pour y réfléchir et me questionne sur mon état mental, sur la réalité de mes sentiments pour lui. Suis-je comme ces groupies attirées par les criminels, ou simplement les détenus ? Est-ce qu'il me plaît parce qu'il me sort de mon quotidien, m'éloigne de mes problèmes de couple ? »

En effet, entre Claudine et son époux, la relation semble se déliter et l'apparition de Ronnie n'a sans doute rien arrangé.

« Mon mari n'est presque plus à la maison, il part souvent chez des amis. En fait, aucun de nous n'ose se le dire, mais c'est déjà fini entre nous, Ronnie est probablement l'élément révélateur d'une chose très simple : je n'aime plus mon mari, et c'est la raison pour laquelle mon cœur est disponible pour un autre homme. Un jour il me dit : "Regarde-toi, on dirait une adolescente amoureuse." Je ne réponds pas, je sais que c'est le cas. »

Ce constat fait, elle hésite à s'engager auprès d'un homme criminel, condamné à une mort programmée. Un homme qui vit outre-Atlantique, qu'elle ne verrait jamais autrement que dans un centre pénitentiaire, entouré de gardiens, sans aucune intimité entre eux.

« Je ressasse ces questionnements durant quelque temps et inévitablement j'obtiens toujours la même réponse : je suis profondément éprise de cet homme, j'aime son âme, son moi profond, et je serais tombée amoureuse de lui peu importe où il se serait trouvé. Depuis le départ, Ronnie est une évidence. Je ne peux pas passer à côté d'une relation si spéciale et ne me sens pas capable de vivre avec ce regret si j'y renonce. Je serai heureuse avec lui, je le sais, et par extension mes enfants le seront aussi. Je suis prête à supporter la distance, l'absence, et sa mort. J'ai conscience que c'est une sorte de suicide émotionnel, car au-delà du risque de son exécution, il est mon aîné de vingt-deux ans, il partira donc probablement avant moi. Mais je sais qu'il est l'histoire de ma vie. Ce qui l'a amené en prison ne me fait, par ailleurs, nullement changer d'avis à son sujet. Je ne cautionne pas ce qu'il a fait, j'accepte cependant de pardonner et de le voir au présent, sans le résumer à ses erreurs du passé. »

En mars 2019, deux mois après leur premier contact, la mère de famille, désormais certaine de sa décision, se déclare au condamné à mort. Contre toute attente, elle ne reçoit pas l'enthousiasme et la réciprocité qu'elle en espérait :

« Tu es une femme douce, belle et intelligente, tu n'as pas besoin d'une relation avec un condamné à mort, lui écrit Ronnie. Tu as besoin de quelqu'un qui peut être là pour toi. Restons plutôt amis… Nous pouvons flirter et nous amuser sans compliquer les choses. Je veux que notre amitié continue de grandir et apprendre à mieux te connaître. »

À la lecture de ces mots, Claudine s'effondre. « C'est littéralement une claque pour moi. Je fonds en larmes, car je sais que je l'aime et suis convaincue qu'il m'aime aussi. Il n'en a pas encore conscience et n'a pas perçu que quelque chose d'inévitable se passera entre nous. »

Contrariée, mais patiente, elle poursuit ses échanges avec lui sur un ton plus badin tandis qu'elle perfectionne son anglais, intègre les subtilités du langage amoureux pour ensuite, s'atteler à le séduire.

Presque six mois plus tard, elle y parvient puisque les doutes du condamné se sont visiblement envolés : « Il me confie qu'il éprouve lui aussi des sentiments à mon égard, mais qu'il a peur. Il craint que je ne sois qu'une fan de passage ou, pire, que notre histoire ne fonctionne pas et qu'il en souffre, comme cela lui est arrivé avec une autre. Il accepte alors ma proposition de lui rendre visite afin de confronter nos émotions à la réalité. »

Dès lors, Claudine en informe son mari et lui confie ses sentiments pour le condamné à mort. « Il a admis les choses puisqu'il se doutait que ce moment arriverait. Il me dit : "Ton cœur est déjà à lui, je te connais, je n'ai pas vu ce regard depuis des années." Il quittera la maison quelques semaines plus tard sans tenter de me reconquérir. »

Désormais au clair avec sa situation maritale, date est fixée en novembre 2019 pour se rendre aux États-Unis. D'ici là, Claudine utilise toute son énergie pour prouver son amour sincère à Ronnie, le rassurer, quitte à déplacer des montagnes.

À la faveur de leur future rencontre, elle s'investit déjà sans retenue dans cette relation qu'elle considère comme celle d'un couple établi. Alors, lorsqu'il lui confie souffrir d'une hanche depuis deux ans sans avoir été pris en charge, elle remue ciel et terre, contacte médecins et responsables d'État des soins en détention pour que « son homme » bénéficie d'un traitement adapté. « Avec beaucoup de persévérance, on a obtenu qu'il soit opéré. C'est un premier combat remporté pour l'amélioration des conditions d'incarcération des condamnés à mort », se félicite-t-elle.

Désormais le voyage approche. Elle se laisse porter par une excitation romantique jusqu'à ce que de nouvelles angoisses lui serrent la poitrine. Derrière le confort sécurisant de son écran d'ordinateur, elle s'aperçoit que tout cela va devenir bien réel et concret. La jeune mère de famille parviendra-t-elle à franchir l'Atlantique pour rejoindre son amour virtuel ?

*

* *

Françoise

En ce mois de septembre 1974, l'infirmière détachée à la prison de Fresnes s'autorise à s'affranchir de toutes les règles, carcérales et morales, en se pressant contre le puissant torse du braqueur.

Après plus d'un an à travailler à ses côtés, l'homme a saisi un fugace moment de tranquillité pour étreindre la belle infirmière. Un geste qui marque alors un tournant décisif dans la vie de Françoise. « J'ai su tout de suite qu'il n'y aurait plus que lui, dorénavant et de façon inconditionnelle, dans ma vie », assure-t-elle.

Instantanément, l'évidence la frappe. Pour la première fois de son existence, elle ressent le véritable amour, celui dont on devient soudainement dépendant et dont on voudrait qu'il dure toujours.

« C'était miraculeux de pouvoir ressentir une émotion si forte, moi qui avais tant manqué d'amour dans mon enfance, puis dans ma vie jusque-là. Mes parents ne m'ont jamais montré aucune affection, ils ne m'ont jamais fait une seule bise, ni souhaité bonne nuit. À l'époque, je pensais que c'était normal. Puis j'ai poursuivi avec un mariage sans passion avec le seul homme que j'ai connu, par souci des convenances et parce que ma mère m'y avait fortement incitée. Aucun d'eux ne m'avait jamais considérée comme le faisait Claude depuis plusieurs mois. Cet homme était délicat et me rendrait heureuse. »

Sans aucun doute, ni crainte, elle entame une idylle avec l'homme qu'elle a appris à connaître à l'infirmerie de la prison dans laquelle il officie comme assistant à ses côtés. Depuis plusieurs mois, trois fois par semaine, suivant un rituel bien rodé, Françoise, Claude et deux autres détenus affectés aux mêmes tâches, travaillent en équipe. « Chaque jour, ils préparaient le matériel nécessaire au prélèvement sanguin des nouveaux arrivants, tous testés pour la syphilis. Ils étiquetaient les tubes au nom des détenus, je faisais les prélèvements, puis ils les raccompagnaient dans le couloir et cochaient ceux qui étaient déjà passés. »

En fin de matinée, le trio se retrouve alors au nettoyage des seringues, à usage non unique à l'époque. Un moment plus calme et intime durant lequel chacun d'eux se confie plus aisément auprès de la douce et compréhensive infirmière. « Durant ces trente minutes, au fil du temps, ils me racontaient chacun leur vie et Claude se livrait un peu plus chaque jour. Par envie, et aussi parce que c'était une façon de tester mes réactions, de savoir si j'étais intéressée par ses confidences ou indifférente. »

C'est ainsi qu'elle découvre un homme « viril et masculin » d'une part, et fragile et sensible, d'autre part. Lors d'une confidence, il évoque son passé et son arrestation, ses failles, blessures qu'il porte encore et qui l'ont probablement conduit à ses errements. Un homme apparemment seul qu'aucun proche ne vient visiter au parloir.

« Jeune adulte, il avait fait la guerre d'Algérie. Une période de sa vie très marquante, d'autant qu'il n'avait, en plus, que très peu de soutien de sa femme, avec laquelle il s'était marié peu de temps avant son départ. Elle ne lui écrivait presque jamais alors qu'au front, il espérait qu'elle s'inquiète pour lui et qu'il lui manque, explique Françoise. Pendant son absence, elle avait rencontré un autre homme, un inspecteur de police, mais ne le lui a pas dit tout de suite. Ils ont donc repris la vie commune et huit mois plus tard, elle a accouché d'un petit garçon. Les amis de Claude l'ont mis en garde. Sa femme n'était pas fidèle et cet enfant n'était probablement pas le sien. Claude n'a rien voulu entendre, mais ils se sont tout de même séparés quelque temps plus tard. Un jour, alors que son garçon a 3 ans, il prévient son ex-femme qu'il veut lui apporter un cadeau. Sur le chemin, il est arrêté *manu militari*. À l'époque, il est recherché pour braquage. Le policier et amant voulait sans doute se débarrasser de Claude depuis un moment. Et elle a obtenu la déchéance de ses droits paternels peu de temps après. »

Ce récit romanesque avait conquis Françoise, d'autant que Claude assumait totalement ses erreurs, lui conférant une prestance et un courage supplémentaires. « Quand on fait quelque chose d'illégal, il faut assumer de se faire arrêter », lui dit-il un jour.

Au fil des mois, il montre, par ailleurs, des valeurs communes à celles de l'infirmière, surprise de découvrir une personnalité si droite, malgré son parcours. « Il avait une éthique malgré tout ce qu'il avait vécu. Jamais je n'aurais pensé intéresser un homme tel que lui », s'émeut-elle encore.

Confiante en l'avenir auprès de lui, sans prendre véritablement conscience des risques et retombées éventuels, elle s'engouffre sans retenue dans cette insolite et fortuite romance.

*

* *

Hélène

De romance, Hélène n'en cherche pas en cet été 2016, encore moins avec un homme en détention pour plusieurs années. Si elle a adressé un courrier à Ismaël, le braqueur qu'elle a jugé, c'est dans un élan altruiste, qu'il acceptera, espère-t-elle.

« Mon type d'homme est plutôt blond aux yeux bleus. Avec ses yeux noirs, sa peau mate et ses cheveux bruns, il n'est pas vraiment mon genre. Ma démarche est uniquement aidante, je ne pense à rien d'autre à cet instant. Son histoire de vie m'a émue et j'aimerais lui apporter une chance de s'en sortir après la prison et déjà être à son écoute pendant qu'il y séjourne. »

Une semaine plus tard, le détenu de la cellule 402 A lui adresse sa réponse : « Hélène, votre lettre m'a extrêmement touché et je n'ai aucune rancœur contre vous. On vous a demandé de faire le jury et vous l'avez fait. [...] Je vous avoue avoir lu votre lettre plusieurs fois tant elle m'a touché. Vous voulez m'aider, mais vous ne savez pas comment, vous l'avez pourtant fait sans même le savoir. Merci. Votre courrier m'a donné une force que vous n'imaginez pas. À très bientôt. Ismaël. »

Émue et soulagée, l'étudiante se réjouit de pouvoir correspondre avec cet homme au parcours si différent du sien et dont elle se sent malgré tout si proche.

« Je vous écris avec les meilleures intentions du monde et j'ai l'impression que je pourrai vraiment vous aider. Je crois en vous, poursuit-elle. N'ayez pas peur, je ne vous jugerai plus jamais. »

Des mots doux, réconfortants qui encouragent Ismaël à se confier. Durant tout l'été, ils s'écrivent, apprennent à se découvrir :

« Une merveilleuse correspondance pleine de rires sincères et de tendresse, comme la qualifie Hélène. Il me parle de son fils, de ses lectures. Je le découvre en père attentionné, il est aimable, gentil, bien loin de l'archétype du braqueur patibulaire. Il s'exprime bien, parfois en phonétique parce qu'il a arrêté l'école assez jeune. Il me raconte sa vie quotidienne, pleine de nouveautés pour moi, et toujours source d'étonnement. Il décrit ceux qui l'entourent avec beaucoup d'humour et une pointe de malice, et dresse un tableau de la détention qui n'est finalement pas si noir, mais je pense que c'est surtout parce qu'il a su bien s'entourer. »

À la fin août, Hélène se questionne sur la place de plus en plus prégnante qu'Ismaël occupe dans son esprit. Elle laisse d'ailleurs échapper une formule trahissant son attachement naissant. « Je dois répondre à mon prisonnier », dit-elle un jour à sa sœur, sa confidente de huit ans sa cadette. Au fil des courriers, il s'est révélé philosophe, curieux, avec l'envie de se cultiver et de rentrer dans le rang. L'étudiante y est sensible, entrevoit ce qui pourrait les réunir alors qu'il lui semblait si différent des hommes qui lui plaisaient jusque-là.

En septembre, Ismaël, désormais définitivement jugé – le délai d'appel est alors écoulé –, quitte la maison d'arrêt et intègre un centre de détention pour y purger sa peine. Entre autres améliorations des conditions d'incarcération, il peut bénéficier de l'usage du téléphone mis à disposition dans les espaces communs.

Le premier appel d'Ismaël est source d'excitation et de stress : « Je crevais de trouille à l'idée d'entendre sa voix. Et en même temps, j'en crevais d'envie. Lors de ce coup de fil, j'étais très émue, j'avais les larmes aux yeux. Jusqu'à présent, il était assez immatériel pour moi. Il avait une voix douce et un peu émue. »

Intimidés, ils échangent quelques mots rapides, puis raccrochent. « Je me suis mise à pleurer, de joie », se souvient Hélène, sourire aux lèvres.

À raison, d'une lettre tous les dix jours et d'un appel par semaine, leurs échanges prennent une tournure plus personnelle. « Je l'appelle mon prisonnier et lui confie que je tiens à lui. Ismaël est plus timoré. »

Début novembre, à l'issue d'une séance photo organisée en détention, il en adresse une à Hélène. « Quand j'ai ouvert ce courrier, mon cœur a battu la chamade. Je n'avais plus un souvenir très net de son visage d'autant qu'au tribunal il avait un air triste. Là, il portait une chemise blanche, il souriait. Il était beau. »

Hélène pose le précieux cliché sur sa table de nuit, dans la mezzanine de sa chambre, pour, chaque soir, s'endormir à ses côtés.

Elle ne peut plus, désormais, continuer à croire qu'il n'est qu'un simple ami. « C'est de la folie, pense-t-elle, entre euphorie et inquiétude. Ismaël est-il autant attiré par moi que je le suis par lui ? A-t-il l'envie d'entamer une nouvelle histoire, surtout dans ces circonstances ? se questionne-t-elle. Et s'il le souhaitait, il a été condamné à huit ans de prison, c'est long. Est-ce que je parviendrai à affronter la prison, l'attente ? »

Elle s'épanche auprès de son frère et sa sœur : « Je crois que je suis amoureuse de mon prisonnier. » Tous deux la mettent en garde face à l'avenir semé d'embûches et aux difficultés qui se profilent :

« Mais qu'est-ce que les gens vont penser ? Et que va-t-il devenir en sortant ? Il n'a fait aucune étude, n'a aucune ressource », s'interrogent-ils à leur tour. « Je suis consciente de tout ça, je comprends leurs préoccupations, mais j'ai confiance en lui. Je sais qu'il a un potentiel et une grande motivation pour s'en sortir. Je ne veux pas gâcher ce moment. Je crois que l'on devait se rencontrer et je l'aime, voilà tout ! »

Six mois après leur rencontre au tribunal, Hélène ose se déclarer après de nombreuses hésitations. Une confession qu'elle vaporise du parfum qu'elle porte habituellement, comme pour lui transmettre un peu d'elle. « Je craignais que notre relation ne puisse perdurer, même amicalement, s'il n'éprouvait pas la même chose. Et s'il m'avouait lui aussi être amoureux, comment entamer une relation sérieuse avec la peine qui lui restait à purger ? Puis je me suis lancée. Je lui ai avoué que je dormais auprès sa photo et que je l'aimais. »

Deux semaines s'écoulent avant qu'elle ne reçoive une réponse.

« Il est amoureux, lui aussi, mais il est angoissé, car sa précédente relation avec la mère de son fils, elle aussi française, s'est soldée par une séparation douloureuse. Il craint de souffrir à nouveau et redoute aussi les reproches que sa famille, berbère, pourrait lui faire s'il se remet en couple avec une femme d'une autre origine que lui. »

Compréhensive, l'étudiante patientera le temps nécessaire à son prisonnier et retient surtout que l'homme est aussi séduit par elle. C'est une belle satisfaction, elle est « aux anges ».

*
* *

Agnès

De la patience, il en faudra extraordinairement à Agnès, la surveillante de prison à la coupe garçonne, pour atteindre son but et être heureuse.

Avant cela, elle a dû comprendre que le détenu antillais au regard froid qu'elle croisait chaque jour lui réchauffait le cœur. « Je n'ai rien compris à ce qui m'arrivait ! J'aimais mon métier et j'étais la première à juger mes collègues qui tombaient dans les bras des détenus. Et pourtant, c'est bien ce qui était en train de se passer… »

Cette constatation agit comme un déclic. Après plusieurs soirs à tergiverser, elle prend la décision irrémédiable de rompre avec son compagnon, anticipant une éventuelle romance entre elle et le criminel qui la bouleverse.

« Ce choix peut paraître précipité et surprenant, d'autant plus que tout se passait bien entre mon conjoint et moi, on envisageait même une mutation commune dans une autre région et on avait déjà visité des maisons sur place. Mais pour moi, à partir du moment où je pensais à quelqu'un d'autre, ça signifiait que ça n'allait pas si bien que ça dans mon couple, alors autant arrêter. Je suis quelqu'un d'entier et je trouvais plus honnête, à ce moment-là de tout stopper même si rien ne s'était encore passé avec Gabriel. »

Désormais célibataire et disponible, Agnès confie son trouble au détenu. « Un jour durant lequel je me sens un peu dépassée par mes émotions, il le remarque et me demande pourquoi je semble préoccupée. Je lui confie que je l'apprécie et que c'est une situation que je n'ai pas prévue, ni envisagée. Ça me perturbe beaucoup. Il m'avoue alors qu'il ressent la même chose. »

Quelques jours plus tard, le détenu prend les devants, expose à la surveillante la raison de son geste criminel, puis lui soumet un choix cornélien :

« Il m'explique qu'il a fréquenté pas mal de femmes avant sa compagne, mais c'est la seule dont il a vraiment été amoureux, si bien que quand il l'a vue avec un autre homme, à peine un mois après leur rupture, il est devenu comme fou et l'a tuée. Il a perdu la raison et me dit qu'il regrette profondément son geste, "sa connerie". Puis pour preuve de ses dires, il me tend sa fiche pénale[2] que je lis aussitôt. "Voilà, maintenant tu sais tout. C'est à toi de

2. Document établi par le greffe de l'établissement pénitentiaire qui répertorie les condamnations et peines prononcées à l'encontre du détenu.

décider si tu veux qu'on se connaisse un peu mieux ou qu'on arrête là", lâche le détenu. "Merci pour ta franchise, tu n'y étais pas obligé. Je sais que les détenus montrent rarement ce type de document. Je vais réfléchir, on en reparlera" », lui ai-je répondu.

Flattée par la confiance de Gabriel, peu enclin à se livrer habituellement, particulièrement au personnel pénitentiaire, Agnès est séduite par sa démarche.

« J'apprécie qu'il me parle les yeux dans les yeux de ce qu'il a fait et qu'il ne me cache rien. Je ne suis pas véritablement choquée. Quand on travaille en prison, c'est notre quotidien de fréquenter des criminels, donc ma norme est sans doute très différente de celle de quelqu'un à l'extérieur. En discutant avec lui, peu à peu, je vois une autre personne que le meurtrier qu'il a été. Je ne ressens aucune peur en sa présence et je ne me dis pas : "Ne te mets pas avec lui parce qu'il peut t'arriver la même chose." Inévitablement, il a été condamné à une lourde peine, là encore, j'y suis habituée, ça n'est donc pas un frein à une relation éventuelle entre nous. En revanche, je me demande s'il est vraiment sincère avec moi. Souvent les détenus charment les gardiennes pour obtenir des faveurs, comme faire rentrer de la drogue ou des téléphones portables à l'intérieur. Et puis, il y a mon fils, il a 4 ans, est-ce que je l'embarque dans cette aventure ? Est-ce que je prends un risque ? »

Son métier, auquel elle tient, est aussi source de questionnements. « Si je débute une relation avec lui et qu'elle se sait, je risque de tout perdre, mon métier, ma réputation, j'ai des états de service parfaits, ce serait un terrible gâchis. »

Agnès se confie alors à sa meilleure amie, une infirmière. « Selon elle, si je me sens bien avec lui, je dois tenter quelque chose. »

« Piquée depuis le début ! » admet Agnès elle-même, qui fait fi des quelques questionnements qui l'embarrassent et accepte rapidement d'aller plus loin avec Gabriel. Dès lors, les futurs amants mettent en place une stratégie pour se fréquenter sans se faire repérer.

*
* *

Chloé

À Chloé, aucune manœuvre n'est nécessaire pour voir son élève favori en détention. Enfermés dans une salle de classe dans laquelle les surveillants ne passent plus depuis qu'ils ont eu l'assurance que l'on n'y fait que travailler, Loïc et sa professeure poursuivent l'enseignement prévu tout en se rapprochant dangereusement.

« On travaille l'un à côté de l'autre. Nos mains s'effleurent, nos jambes se touchent avec gêne, mais envie aussi. Et puis, tout cela devient normal », constate Chloé dont le ventre s'arrondit un peu plus chaque jour en même temps que ses certitudes au sujet du détenu vacillent.

Elle se rappelle les conseils délivrés par l'association au début de son engagement : pas de questions sur l'affaire du condamné, pas d'évocation de la vie privée, rien qui permettrait un rapprochement physique ou affectif. Loïc et elle ont clairement bravé tous les interdits. Depuis quelque temps, l'un et l'autre se sont épanchés sur leurs vies passées, ont noué des liens d'amitié qui dérivent lentement vers des attaches plus sentimentales.

« Je remarque que chaque jour, je m'empresse de venir le voir et je suis triste quand je le quitte. Je me rends bien compte que ce n'est pas normal. Je tombe visiblement amoureuse, mais je refuse de me l'avouer. C'est interdit, je n'ai pas le droit. Parce que je suis bénévole, je ne suis pas là pour ça, parce que je ne suis pas toute seule dans ma vie, parce que je suis enceinte, parce qu'il est en prison. Je ne veux pas de cette vie pour moi et mon enfant. »

Préoccupée par la tournure que prennent les évènements, et les émotions qu'elles suscitent surtout dans son état, Chloé tente de se raisonner, mais son inconscient ressasse ses inquiétudes.

« Je dors mal, mes nuits sont hantées de questions. Quelle image vais-je donner à l'extérieur? Quel avenir puis-je espérer avec un criminel lourdement condamné? Je suis en couple depuis neuf ans et je suis ravie d'avoir un enfant avec mon compagnon. C'est un vrai souhait. J'aime profondément le papa, mais il est distant, peu impliqué dans ma grossesse et son futur rôle de père. Il n'est pas présent aux échographies, peu aux cours de préparation à l'accouchement et ne participe pas à la conception de la chambre du bébé à naître. Il m'explique qu'il est angoissé par cette nouvelle responsabilité. Je l'accepte, tente de le comprendre, mais je manque cruellement de soutien et le trouve paradoxalement auprès de Loïc en prison. Un homme qui a tué. Je me dis que je suis folle! »

Un jour un chef de la détention, remarquant l'empressement du détenu à voir sa professeure, la prévient : « Attention, c'est un manipulateur. » « J'avais, en effet, entendu dire que charmée par Loïc, une psychologue intervenant à la maison d'arrêt avait demandé à cesser la thérapie, car leur relation n'était plus professionnelle. C'est une information que je garde dans un coin de ma tête, sans qu'elle estompe vraiment mon intérêt pour lui. »

Chez elle, dans le confort ouaté de son appartement, Chloé camoufle ses troubles auprès de son compagnon et donne le change, mais en son absence, elle s'effondre.

« Quand je suis à la maison, je suis une autre personne, rien ne transparaît. Je prends énormément sur moi. En réalité, je me sens mal, car j'ai l'impression de le tromper alors qu'il ne s'est rien passé, mais mes pensées me font culpabiliser. J'ai très envie d'embrasser Loïc. Quand nous sommes ensemble, nos regards sont remplis de tendresse. Nous n'avons pas besoin de nous parler pour savoir ce que ressent l'autre. »

En octobre, un mois avant son accouchement et avant que la situation ne lui échappe totalement, Chloé met fin à sa mission.

« J'ai déjà mis de la distance entre nous. Depuis un mois, j'ai espacé les cours, car la situation devient trop délicate. Je veux me concentrer sur ma vie personnelle. Et même si dans mon couple, cela ne se passe pas comme je l'espère, je vais devenir maman. C'est tout ce qui doit me préoccuper. Mais Loïc me manque… »

Avant le départ de son enseignante devenue très particulière à ses yeux, le détenu tente une approche :

« Je vois bien que tu n'es pas indifférente. Est-ce que je peux te demander ce que tu ressens pour moi ?

– Je ne sais pas vraiment. Tu me perturbes, c'est évident, mais tu connais ma situation. Je ne peux prendre aucune décision.

– J'espère que j'aurai quand même de tes nouvelles.

– Toi aussi, tu pourrais m'en donner », lui glisse-t-elle avant de lui dicter son numéro de téléphone qu'il inscrit fièrement au feutre sur son avant-bras, comme un trophée.

En novembre 2016, elle accouche d'un magnifique petit garçon. Ce nouveau bonheur est un peu terni par le peu d'investissement du jeune papa, selon Chloé. Si bien qu'au fil des semaines, le couple s'éloigne, se délite. Et Loïc est toujours très présent dans la tête de l'ancienne bénévole : « Pendant que je suis à la maternité, je lui écris une lettre pour lui annoncer la naissance de mon fils et lui dire que je vais bien. J'ai besoin de le faire et de lui dire que même dehors, je ne l'oublie pas. »

La lettre est interceptée par les services pénitentiaires et Chloé convoquée quelques semaines plus tard.

« En tant qu'intervenante, je n'ai pas le droit d'écrire à un détenu. Je n'ai pas signé mon courrier, mais j'étais la seule enceinte à fréquenter Loïc. C'est assez humiliant et gênant de se retrouver devant le directeur de la prison, même s'il fait preuve de gentillesse et de compréhension. Il me dit qu'il a déjà connu de nombreuses histoires avec des détenus et me conseille de m'en préserver. »

Le permis de visite de Chloé est alors définitivement suspendu et Loïc transféré à une heure de route pour effet dissuasif. « Je le prends comme un signe, même si ça me rend triste, c'est l'occasion de passer à autre chose, de l'oublier. »

Mais quatre mois plus tard, un appel fait tout voler en éclats…

*

* *

Sigrid

Pour Sigrid, l'étudiante engagée contre la peine de mort, c'est une longue lettre de trente pages, écrite par Alan, qui chamboule sa vie.

Le jeune condamné américain y confie prudemment son affection à la Française expatriée à Copenhague. « Nos échanges m'ont beaucoup fait avancer, grandir à tes côtés. J'ai un réel coup de cœur pour toi. Tu es une femme étonnante Sigrid, et je suis très attiré par toi », écrit-il. Il joint à sa missive un formulaire de visite, invitant sa correspondante à venir le rencontrer.

À la lecture de sa prose, elle est déroutée :

« Je suis flattée, mais les choses prennent une tournure très sérieuse et ça me fait peur. Jusque-là, notre correspondance n'était que du bonus dans ma vie. Il est un confident idéal et à côté j'ai ma vie, je fréquente des hommes. Jamais je n'ai imaginé entretenir une relation avec lui, il est loin, en prison et en plus dans le couloir de la mort. J'ai bien conscience que j'aime ses mots et que je m'attache à lui, mais c'est inenvisageable d'être en couple avec lui. »

Sigrid s'attelle alors à répondre précisément et rationnellement à son prétendant :

« J'ai débuté par tous les clichés qui pouvaient exister entre un détenu et sa correspondante. Par exemple qu'il pouvait se déclarer pour ensuite me demander de l'argent, qu'il écrivait peut-être à vingt autres filles de la même façon, etc. Après, je lui ai confié mes craintes sur le risque de ne pas nous plaire dans la réalité, alors que c'était si bien par écrit. La déception serait immense. Enfin, j'ai terminé en lui écrivant que malgré tout, je serais heureuse de venir un jour, peut-être... »

Dans le courrier suivant, elle joint le formulaire de visite rempli. « Au cas où. Ça n'engageait en rien », précise-t-elle. Mais de l'autre côté de l'Atlantique, le prisonnier a cessé d'écrire et ne compte plus sur la visite de Sigrid. « Il avait été vexé et blessé par mon courrier précédent », explique-t-elle.

Pendant un mois et demi, le lien est rompu entre les États-Unis et le Danemark. « Ces six semaines sans aucune lettre d'Alan ont été un vrai supplice et une irréfutable prise de conscience. Son absence était irremplaçable. J'étais terriblement triste et déprimée comme je ne l'avais jamais été auparavant. Je pleurais beaucoup, il me manquait atrocement. »

Jeune diplômée, Sigrid devait débuter sa recherche d'emploi, mais cette rupture épistolaire est un tel choc qu'elle erre sans but dans son appartement, léthargique, sans entamer aucune démarche. Entre prise de conscience et phase d'abattement, elle se remet profondément en question.

« Je reste chez moi, je ne fais rien. Je suis bien trop déprimée. J'ai toujours eu du mal à comprendre les femmes qui tombent amoureuses d'hommes incarcérés alors qu'elles ne les connaissent pas, sorte de groupies fanatiques dont on a le sentiment qu'elles sont folles, et pourtant c'est ce qui m'arrive, et évidemment, je le vis très mal. »

Sigrid est d'autant plus perturbée qu'avant lui, elle a partagé six années de sa vie avec un autre homme auquel elle était attachée, mais pour lequel elle n'a jamais perçu cette même étincelle. « La plupart de mes ex-petits amis étaient musiciens et on se séparait tout simplement parce qu'on ne se voyait plus beaucoup à cause de leurs tournées ou qu'on ne s'entendait plus. Je n'ai jamais connu de gros drames, de chagrins d'amour. Là, je ressentais tout autre chose pour Alan. »

Elle tente alors par tous les moyens de sortir le détenu de son esprit et envisage un moyen pour l'éloigner un peu plus d'elle :

« Je décide de faire des recherches sur son affaire, en me disant que, peut-être, ce qu'il avait fait allait me dégoûter et m'aider à l'oublier. Et effectivement, son affaire est horrible, les faits dont il est accusé sont ignobles. Mais je n'arrive pas à associer ce que je lis dans les médias à la personne avec laquelle je corresponds. Ce n'est pas possible qu'il ait commis de tels faits, je n'y crois pas. »

Ce couple de tranquilles retraités enlevés chez eux, à qui l'on a soutiré leur code de carte bancaire avant de les enterrer vivants, est une terrible affaire qui a été très médiatisée tellement elle a choqué. Alan y est décrit comme l'instigateur du crime. Sigrid n'a pas pu terminer la lecture des nombreux articles de presse relatant ce meurtre. Perplexe, indignée, elle cherche une explication, une justification. « Je me dis alors que s'il me réécrit un jour – ce que j'espère de tout cœur –je le rencontrerai et on en parlera. Il aura forcément une autre version », se rassure l'étudiante, décidée à tenter de l'oublier.

« Au bout de quelque temps, je me résigne. Il est parti et ne reviendra pas dans ma vie, je dois me reprendre en main. » Elle espace ses allers-retours à sa boîte aux lettres, cesse de guetter frénétiquement le facteur, jusqu'au jour où Alan se manifeste à nouveau…

*

* *

Laure

À la centrale de Moulins-Yzeure, le destin de la matonne aux longs cheveux châtains est aussi en passe de prendre une tournure totalement inattendue.

D'abord dans le déni, elle finit par constater l'attirance qu'elle éprouve pour Christos, le cambrioleur braqueur dont le regard l'a immédiatement happée. Un sentiment fort et soudain qu'elle n'a encore jamais ressenti pour quiconque. Cette situation inédite la laisse dubitative. En dix années de carrière dans sept établissements différents, elle n'a jamais cédé aux avances, souvent intéressées, des détenus, ni eu un coup de cœur pour aucun d'entre eux. « J'étais totalement bouleversée, je perdais mes repères, dedans comme dehors. Je pensais à lui chaque soir, c'était obsédant et un peu inquiétant aussi. »

Mère d'un garçon de 15 ans, elle estime qu'une aventure avec cet homme ne serait pas une situation enviable pour lui, ni pour elle d'ailleurs. Mais dès qu'elle croise Christos, son regard parfois triste s'éclaire, son cœur palpite sans qu'elle puisse le maîtriser. Car Laure ne s'est pas contentée d'aimer secrètement et sagement son prisonnier entre les quatre murs de la prison. Elle est allée bien plus loin. « Rien ne pouvait m'arrêter », justifie-t-elle.

Ses appréhensions, ses inquiétudes et interrogations, Laure n'a pas souhaité les détailler car depuis notre entretien, il y a plusieurs années, elle a cessé de vouloir en parler. Sa vie a changé et elle en a été profondément impactée. Elle m'a, en revanche, autorisée à publier ses propos et mettre en mots sa belle histoire avec Christos, actuellement toujours incarcéré.

Très vite, Laure a donc balayé ses doutes tout à fait relatifs pour s'engouffrer dans cette aventure hors norme.

C'est dans la cellule du prisonnier qu'ils ont échangé leur premier baiser, quelques semaines à peine après leur rencontre. Un endroit peu propice à l'amour, mais facile d'accès pour eux deux. « Quand on a les clés, c'est plus simple », reconnaît Laure.

Chapitre III
Premiers émois

Sonia

Comme chaque jour, la surveillante prend son poste à l'atelier de reconditionnement de la prison de Fresnes. Mais depuis quelque temps, elle a plus d'entrain.

Son regard scanne chaque détenu se présentant au pointage dans l'attente de voir entrer Nathanaël, son prétendant condamné cinq ans plus tôt pour avoir poignardé son dealer. Habituellement, son visage s'éclaire lorsqu'il apparaît, il lui sourit, met en place le travail à effectuer, puis la rejoint dans son bureau vitré pour discuter, se confier, la charmer.

Mais ce matin de juillet 2008, il est absent. Elle s'inquiète un peu. Puis s'affole, s'imagine le pire. Aurait-il eu une altercation avec un codétenu, un incident avec un gardien ou un problème de santé ? Discrètement, elle se renseigne, puis, en apprenant la vérité, s'effondre. Nathanaël a été transféré dans une autre aile de la prison, un endroit où elle n'est pas censée être. C'est un cataclysme pour Sonia qui réalise soudainement le profond attachement qu'elle lui porte. « Quand je l'ai su, j'ai éclaté en sanglots, j'ai totalement craqué sans aucune retenue devant mes collègues. Pour justifier mon état, j'ai prétexté un ras-le-bol, un burn-out alors que je demandais depuis des mois à être transférée dans un autre service. En fait, j'étais dévastée de ne plus pouvoir le voir. »

Le couple avait pourtant envisagé cette éventualité, car la direction de l'établissement avait mené une enquête auprès des gardiens et détenus proches d'eux. « Ils voulaient savoir s'il se passait quelque chose entre nous. À ce moment-là, nous n'avions rien tenté, pas même un baiser, nous ne faisions que discuter. J'étais donc sereine, je pensais que l'on ne risquait rien. Mais notre simple complicité dérangeait. C'était un grain de sable dans le système », estime la jeune femme.

Malgré l'interdiction formelle de rejoindre l'autre bâtiment dans lequel officie dorénavant Nathanaël, Sonia s'y rend secrètement. « Il fallait que je le voie pour m'assurer que tout allait bien pour lui. Un seul regard a suffi pour que l'on se comprenne. Il était tout aussi désespéré que moi, mais il allait bien. »

Rassurée et déterminée à le revoir coûte que coûte, la surveillante joint les parents du détenu, qui lui avait confié leurs coordonnées au cas où ils seraient séparés, dans le but de lui transmettre un message. Dans le même temps, elle fait place nette dans sa vie. Elle se sépare de son compagnon, revenu auprès d'elle, mais avec lequel elle n'entrevoit plus aucun avenir. Elle prend aussi la décision de changer de métier pour privilégier son amour pour Nathanaël, qu'elle espère et souhaite réciproque. Elle demande une disponibilité de plusieurs années, avantage autorisé par l'administration, et débute un nouvel emploi quelques semaines plus tard.

« À ce moment-là, je ne sais pas si notre histoire est sérieuse, s'il me porte de l'intérêt pour ma personnalité ou pour mon statut de gardienne. Je ne sais pas non plus si nous nous serions plu si nous nous étions rencontrés à l'extérieur, mais peu importe, je ne veux pas vivre avec des regrets. Malgré mes doutes, je contacte sa famille pour lui faire passer une lettre. »

Le père de Nathanaël, gestionnaire de fortune aisé, émet des réserves, mais pas à l'égard de la jeune femme, plutôt à celui de son fils, et met en garde la surveillante. « Vous êtes sûre ? Je ne vous conseille pas de vous attacher à lui, il a beaucoup menti et a déjà eu une aventure avec une gardienne », tente-t-il de la dissuader.

Surprise, Sonia n'entend pourtant pas les recommandations du père de famille. « Je le crois, mais je ne l'écoute pas. C'est le passé, comme le crime qu'il a commis. Et je me dis qu'avec moi, ce sera différent. »

La mère du détenu s'enthousiasme davantage et semble vouloir aider ce couple qui ne dit pas son nom à enfin éclore. « Nathanaël lui a déjà parlé de moi. Elle voit son fils heureux, elle m'apprécie et accepte de lui transmettre un courrier lors de son prochain parloir. »

Sur ces quelques lignes, Sonia formalise enfin ses sentiments et exprime son désir d'entamer une véritable relation avec lui : « Depuis qu'on nous a séparés, je pense à toi tout le temps. Lors de nos conversations, on s'était dit qu'on se retrouverait dehors, et pourquoi pas dedans ? »

La réponse de Nathanaël ne se fait pas attendre : « Bonjour jolie vous… Cela fait six mois que je n'arrête pas de penser à toi aussi. J'ai quitté la femme avec laquelle je devais me marier parce que mes journées et mes nuits étaient hantées par un petit bout de femme "ch'ti". Confidence pour confidence, sache que je suis déjà très amoureux. »

Les amants platoniques se livrent alors à corps perdu lors d'échanges presque quotidiens. « Nos lettres sont très passionnées. Je n'ai jamais osé m'exposer ainsi ni ressenti une telle passion pour quelqu'un. Comme des amants pendant la guerre, nous communiquons clandestinement grâce à sa mère, notre factrice improvisée. » À chaque retour de parloir de sa belle-mère, Sonia attend fiévreusement les lettres « joliment tournées » de son détenu, commençant dorénavant chaque fois par un tendre « Mon bébé ».

Fin 2008, les correspondants sont autorisés à se téléphoner : « Je me souviendrai toujours de ce premier appel. J'en connaissais le jour, mais pas l'horaire, je n'osais pas m'éloigner de mon téléphone et vérifiais que la tonalité fonctionnait correctement. Lorsque j'ai enfin entendu sa voix après des mois de coupure, j'ai cru m'évanouir de bonheur. Un simple coup de fil, totalement banal à l'extérieur, prend une autre valeur dans ce contexte. Je savoure chaque mot, chaque son de sa voix, chaque seconde avec lui. »

Seules quelques minutes leur sont accordées, mais ce court moment a suffi à bouleverser Sonia. En raccrochant, elle rit, pleure, tremble. Derrière les murs de Fresnes, Nathanaël laisse éclater sa joie en dansant au milieu de la première division, secteur dans lequel est située sa cellule, sous les yeux ébahis des surveillants.

Ces instants de bonheur fugaces passés, le quotidien paraît fade à Sonia. Ses soirées seules sont parfois longues, tristes. Elle relit les mots enflammés de Nathanaël et regarde inlassablement ses photos. « Il me manque horriblement, parfois je suis découragée, je me dis que je ne le reverrai peut-être jamais. Mais je dois être forte pour nous deux, car, en plus du manque, lui est enfermé. Je ne peux pas me plaindre. »

Les semaines s'égrènent avec lenteur, car on refuse à Sonia de rendre visite à son prétendant à l'endroit où elle a exercé, même si elle a récemment éclairci sa situation auprès de l'administration pénitentiaire. Nathanaël demande ainsi un transfert n'importe où, pourvu qu'ils puissent enfin s'aimer.

Il l'obtient en mars 2009. « Le 28 », précise-t-elle. Il est affecté à la maison centrale d'Ensisheim, en Alsace, à cinq cents kilomètres de sa bien-aimée. La distance n'est alors pas une difficulté, l'excitation de se retrouver étant l'unique préoccupation du couple.

Près de huit mois après leur brutale séparation, ils bénéficient d'un premier parloir.

« Je porte une jupe, je suis allée chez le coiffeur, je me suis maquillée, bref, je me suis préparée comme pour un premier rendez-vous amoureux. Pareille à une adolescente, je suis angoissée, stressée. Dans le train qui me mène en Alsace, j'appréhende, redoute de ne plus lui plaire après autant de temps. »

Mais dès l'instant où il pénètre dans la cabine de parloir, son sourire, son regard en disent long. Puis viennent les larmes. Le manque, la tristesse de la séparation, tout ceci, ils l'évacuent ensemble, enlacés. Enfin le désir s'emparent d'eux. Derrière les parois cartonnées, les cloisons occultantes, mais bruyantes, où les familles et détenus se retrouvent sans intimité, Nathanaël et Sonia s'embrassent pour la première fois et se découvrent charnellement.

*

* *

Claudine

Suivant les règles strictes du couloir de la mort, Claudine et Ronnie n'auront jamais la possibilité de faire l'amour. Elle le sait, elle est « prête à l'accepter », dit-elle.

Surexcitée à l'idée de rencontrer l'homme dont elle est tombée éperdument amoureuse en quelques semaines, la jeune mère de famille réserve un vol pour la Floride fin 2019.

Son père, qui vit tout près de chez elle, est mis dans la confidence afin qu'elle puisse lui confier ses quatre enfants pendant son absence. Ses amies sont également averties de son départ et montrent les premiers signes d'inquiétude : « Là, sont venus les grands discours de mise en garde : "Attention, tu ne le connais pas", "Es-tu sûre qu'il a des sentiments pour toi ?", "À quoi va ressembler ta vie ?", "Tu ne vas plus pouvoir faire l'amour", etc. J'accueille très bien ces questions et remarques assez légitimes, mais j'y réponds simplement en leur expliquant que je dois d'abord le rencontrer pour me projeter, même si au fond de moi, je suis certaine de mon choix et pense vraiment que nous avons un avenir à construire ensemble. Ma famille est paradoxalement assez détachée, pensant sûrement que c'est une passade, une lubie qui s'estompera avec le temps. »

En organisant les préparatifs de son séjour, Claudine apprend par la mère de Ronnie, qui l'hébergera durant deux semaines, qu'il s'est séparé fin juillet d'une ex-compagne à laquelle il semblait attaché. « Je comprenais mieux ses réticences à me déclarer ses sentiments et sa peur de souffrir à nouveau. Aussi douloureux que cela soit pour moi, je lance le sujet et le laisse se livrer, je lis sa peine, le console et lui promet de prendre soin de lui. »

« Bébé, je suis là maintenant. Moi, tu ne me perdras pas. Je te donnerai toute ma douceur pour apaiser ton cœur. Je serai toujours là pour toi », le rassure-t-elle à l'écrit.

Quelques jours plus tard, « impressionné » par la volonté de Claudine qui lui a permis d'être soigné, et « rassuré » par son implication et ses propos, il lui rend hommage publiquement sur le blog qu'il administre depuis près de vingt ans et officialise son amour pour elle :

« La vie est étrange, on dit que lorsqu'une porte se ferme, une autre s'ouvre. Eh bien ! Cela s'est vérifié dans ma vie amoureuse. Je viens de fermer la porte d'une relation avec une femme que j'aimais vraiment. Et voilà que malgré moi, une des femmes les plus magnifiques et intelligentes que j'aie jamais rencontrées, pour une raison que j'ignore, est amoureuse de moi.

« Elle m'a écouté parler encore et encore de mon cœur brisé pour me garantir qu'elle m'aimerait encore plus, qu'elle réparerait mon cœur et en prendrait soin. Pourtant, j'ai fait tout ce que j'ai pu pour essayer de la dissuader, en lui montrant tous les aspects négatifs de ma vie », s'étonne-t-il, qualifiant la jeune mère de famille de « don du ciel ».

« Elle est tout ce que je voudrais et ce dont j'ai besoin chez une femme. Douce, gentille, intelligente, sensible, compréhensive, et est-ce que j'ai mentionné qu'elle est absolument magnifique ? J'ai pleuré ! D'une femme qui se fichait de moi, à une femme qui veut tout me donner.

« Claudine, je suis officiellement à toi. Esprit, corps, et âme. Je t'aime. Je te remercie pour tout ce que tu as fait et pour tout ce que tu feras. Tu es une vraie bénédiction que je ne mérite pas. Je fais le serment de ne jamais te mentir, de ne jamais te tromper, et de construire notre relation sur une base de confiance. »

Avec toute sa persévérance, sa patience et sa fougue, Claudine a su embarquer Ronnie dans ses convictions. Elle est alors comblée à la lecture de ces mots publiés officiellement.

« Il a été incarcéré en 1991, quelques mois avant ma naissance, et je me plais à penser que j'ai été conçue pour lui, pour l'aimer. Et qu'entre nous, c'était écrit. Me voilà donc comme sa femme. J'ai l'intention de donner le meilleur de moi pour le rendre heureux et fier. Notre rencontre approche, et nous sommes impatients d'être dans les bras l'un de l'autre. »

Avant de les quitter, la jeune maman explique à ses enfants qu'elle se rend auprès de son ami Ronnie dont elle leur a déjà parlé, sans leur révéler la nature exacte de ses sentiments. Il sera temps de leur en dire plus à son retour si tout s'est déroulé comme elle l'envisage et le prévoit.

Elle pense alors avoir évacué tout doute dans son esprit. Mais à la veille de son départ, elle est prise de panique. Le trajet, l'enjeu la déstabilisent totalement.

« Je suis oppressée, tremblante, envahie par la peur. Je crains que la magie ressentie lors de nos échanges n'existe plus face à lui, qu'il ne soit pas l'homme sur lequel j'ai fantasmé ces dix derniers mois et qu'une terrible déception m'attende au parloir. J'ai tout quitté pour ça, mon mari, mon relatif confort et je laisse mes enfants quelque temps. »

Désemparée, Claudine s'endort épuisée et inquiète. Elle se ressaisit le lendemain : « Si je n'arrive pas à faire ce voyage aujourd'hui, je n'y arriverai jamais. Ça signifierait la mort dans l'œuf de notre couple, lui dire adieu et ça, ce n'est pas envisageable. C'est la révélation, je ne peux pas vivre sans Ronnie, pas une seconde, alors je me gonfle de courage et j'entame ce grand voyage. »

Deux jours plus tard, après un long périple, elle se présente devant la prison d'État de Floride, respectueusement vêtue en fonction du *dress code* imposé par le règlement.

« J'ai voulu être la plus belle et la plus sexy pour lui. Comme il est interdit de porter une robe de plus de sept centimètres au-dessus du genou, d'avoir des vêtements moulants, un décolleté, les épaules ou le dos nus (et du métal, y compris les armatures de soutien-gorge, donc adieu le *push-up* !), j'ai opté pour une robe patineuse noire avec des manches trois quarts et un T-shirt ample par-dessus à l'effigie du groupe Def Leppard dont nous sommes fans tous les deux. Je n'ai ni bijoux, ni parfum, ni accessoires ou produits non autorisés, mais mes ongles sont vernis en rouge et je porte de jolies sandales plates mettant en valeur mes jambes, que Ronnie semble aimer en photo. J'ai les cheveux lâchés et lavés le matin même. »

Après avoir passé de nombreux points de contrôle, elle s'installe dans la salle de parloir, un vaste réfectoire, semblable à une cafétéria de campus américain, comprenant des tables et chaises en métal scellées dans le sol. « C'est très familial et tout le monde est heureux d'être là et de se retrouver. Je suis rassurée par cet endroit plutôt chaleureux malgré le contexte. »

C'est alors que Ronnie fait son entrée. Combinaison orange à manches courtes laissant apparaître ses biceps saillants, regard bleu foncé, sourire enjôleur, il charme aussitôt Claudine.

« À ce moment-là, mes craintes se dissipent tout de suite. C'est une évidence, je comprends instantanément qu'il est l'amour de ma vie et que ma place est ici, avec lui. Il dégage exactement ce que j'avais imaginé de lui. »

Le condamné s'approche de sa visiteuse. Ils s'échangent un baiser impétueux et maladroit. « Plein de passion et de pression aussi. Comme des adolescents de 15 ans », ajoute la jeune femme.

Puis elle love sa longue silhouette, tremblante d'émotion contre le mètre quatre-vingt-quinze imperturbable et solide du détenu. « Il me serre fort dans ses bras. Je me sens bien, je me sens moi et je me sens complète. Comme la pièce d'un puzzle placée au bon endroit. »

Les six heures de parloir accordées passent en un éclair même si Claudine s'exprime peu.

« Je parle très mal l'anglais et suis très intimidée. C'est plus facile à l'écrit avec un traducteur. La mère de Ronnie, présente au début, discute avec son fils tandis que je le contemple, subjuguée par sa prestance. Parfois, il pose sa main sur ma joue et me regarde dans les yeux sans rien dire. Je n'ai jamais vu autant d'amour dans les yeux d'un homme. Nos mains sont enlacées, affectueusement. »

Le couple profite de chacun des rares gestes d'intimité que permettent les consignes. Un baiser à l'arrivée, une accolade, la même chose au départ, quelques caresses sur le visage, un contact prolongé des mains, toujours apparentes.

Lors des visites suivantes – il y a en aura cinq durant son séjour –, le dialogue s'instaure petit à petit. L'intimité aussi. « Il a eu quelques gestes volés, forcément très rapides et un peu brutaux, mais plaisants. »

L'inévitable retour en France arrive très vite et la tristesse de Claudine la submerge. « J'étais effondrée de partir sans savoir quand nous allions nous revoir, j'étais triste de le voir repartir en cellule, j'avais le sentiment de l'abandonner et de laisser là-bas la moitié de mon être. »

Même si tout les sépare – un océan, des barreaux, vingt-trois ans d'écart d'âge et une condamnation à mort –, ce voyage, et une proposition inattendue de Ronnie, l'ont convaincue de se jeter à corps perdu dans cette romance extraordinaire.

*

* *

Françoise

Le mot romance n'est pas galvaudé concernant la relation qui s'établit aussi entre la jeune infirmière et le braqueur. Car ce qu'elle ressent déjà pour lui, après une seule embrassade prolongée, est, pour elle, hors du commun.

Dorénavant, derrière les barreaux de la prison de Fresnes, à raison de trois journées par semaine, le temps de la vacation de Françoise, le jeune couple entame une aventure clandestine. Car, bien entendu, personne ne doit se douter de quoi que ce soit. Elle risquerait sa place, il serait assurément envoyé au mitard[1].

Tous les matins, les trois détenus, assistants infirmiers, s'affairent à tout préparer pour l'arrivée de la soignante. Dès leur réveil, ils investissent l'infirmerie, contiguë à leurs cellules, et répertorient les listings des détenus, « entre 70 et 90 par jour », qui défileront dans le bureau pour une prise de sang obligatoire afin de tester s'ils sont porteurs de la syphilis.

Après avoir déposé sa petite fille à l'école, Françoise les rejoint. Dans son sac à main que les gardiens ne fouillent plus, elle apporte les victuailles commandées par Claude et ses codétenus : de la viande, du vin, des journaux ou encore des cigarettes malgré l'interdiction formelle précisée par le règlement.

« À l'époque, très peu de choses étaient autorisées, ils n'avaient pas non plus de télévision, ni de radio. Eux s'étaient procuré un petit transistor. Ce que j'apportais leur permettait d'améliorer un peu leur quotidien. Ils s'étaient aménagé un petit coin avec un réchaud dans mon bureau et ils s'y retrouvaient le soir pour se faire la cuisine avant de rejoindre leur cellule pour la nuit, explique Françoise. Chaque achat était réglé avec de l'argent liquide que je ne sais comment ils obtenaient. »

1. Cellule disciplinaire d'une prison s'apparentant à un cachot.

Chaque matin, le braqueur et l'infirmière se retrouvent avec une joie non dissimulée. Et pour cause, Claude a informé ses codétenus de sa relation entamée avec la jolie Françoise. « Il leur avait même déjà confié que je lui plaisais avant qu'il ne se passe quoi que ce soit entre nous. Ce qui explique pourquoi ils s'étaient éclipsés un peu avant qu'il ne me prenne dans ses bras pour la première fois. »

Avec son autorité naturelle, nul doute qu'il avait su se faire comprendre et que ses comparses n'en diraient rien.

Avant que les premiers détenus n'entrent, le couple se sourie, se regarde. Puis les prélèvements débutent et s'effectuent à la chaîne, trois par trois à un rythme soutenu. « C'est une tâche assez peu compliquée mais prenante. Évidemment, j'avais hâte de terminer chaque matinée pour me retrouver avec Claude. »

Car, dans ce décor et contexte peu propices aux gestes de tendresse, ils ont trouvé une solution pour mettre à profit le peu de temps à leur disposition :

« Une fois le travail fini, nous nous retrouvons derrière un placard de l'infirmerie, à l'abri des regards, pendant cinq minutes, pour nous embrasser. Ces quelques instants sont très précieux. J'accepte cette situation, de toute façon nous n'avons pas d'autre choix et je ne me pose aucune question sur la suite. Je vis ce moment de bien-être au présent, d'autant qu'il est encore trop tôt pour envisager l'avenir. Je suis mariée, il est enfermé pour un temps que nous ne maîtrisons pas. »

Durant ces moments volés, Claude se montre tendre, démonstratif – affection à laquelle Françoise n'est pas habituée. Elle se laisse aller dans ses bras sans aucune crainte. Rapidement l'envie de se dire des mots tendres, pas uniquement derrière ce casier en prison, se fait sentir.

Ils s'échangent alors des courriers en main propre chaque fois qu'ils se voient. Ils apprennent ainsi à mieux se découvrir et parviennent à s'avouer plus intimement leur ressenti. Des déclarations dans lesquelles Françoise avoue son admiration pour Claude, son affection et sa tendresse. « Ça peut paraître incroyable, mais c'est le premier amour de ma vie, à 32 ans. » Des lettres que l'infirmière écrit chez elle chaque soir avant que son mari ne rentre du travail.

En retour, le braqueur, très épris, se livre avec autant de sincérité et de passion.

Des missives inestimables qu'elle conserve dans une boîte en métal, cachée sous le lit conjugal. « J'étais persuadée que Claude les détruisait pour ne pas laisser de traces au cas où sa cellule serait fouillée, alors je les écrivais en deux exemplaires pour qu'il en ait une copie à sa sortie. »

Rapidement le couple développe un attachement profond. Dans son appartement de Montrouge, Françoise supporte de moins en moins sa vie routinière et sans saveur.

« Mon mari rentrait du travail, il me faisait une bise rapide, s'installait à table et je lui servais le repas que j'avais préparé. Je lui racontais mes journées. Au début, je lui parlais même assez naïvement de Claude et des livraisons que je faisais en prison, mais il s'intéressait peu à mon travail. C'était comme si j'avais un amant, sans que rien ne se soit passé. Ça aurait pu me perturber, mais en fait, pas du tout. Je n'aimais pas mon époux, on s'était mariés par convenance.

« J'étais résignée à vivre ainsi jusqu'à la majorité de ma fille, pour simplifier les choses. Et là, finalement, grâce à Claude, j'entrevoyais un avenir radieux, bien plus tôt que prévu, j'avançais au jour le jour dans cette optique, sans me poser trop de questions. Mais parfois je m'agaçais du caractère dilettante et égoïste de mon mari. Je lui demandais de changer, mais il n'entendait rien. Alors je pensais sans cesse à Claude et à mon retour auprès de lui. »

Lors des déjeuners dominicaux dans sa belle-famille, Françoise est songeuse, parle peu. « Je me revois dans leur pavillon à regarder le jardin par la fenêtre et rêvasser. Avant, j'entretenais la conversation, mais depuis ma rencontre avec lui, j'étais un peu ailleurs. »

Le couple clandestin prend ses habitudes, entre rapides étreintes et courriers échangés sans précaution, et baisse sa vigilance quand un nouveau détenu rejoint l'équipe de l'infirmerie.

« Au bout de six mois, l'un des amis de Claude est sorti et a été remplacé par un autre détenu. Pour autant nous n'avons pas changé notre façon de faire et ce que nous n'avions pas anticipé est arrivé : il nous a dénoncés à la direction !

« Un matin, je suis arrivée au travail et à peine passé la grille du premier secteur – je travaillais au quatrième secteur –, on m'a informée que le directeur souhaitait me voir. J'ai immédiatement compris de quoi il s'agissait. »

Dans son bureau, l'homme la voue aux gémonies. Il sait ce qui se trame entre elle et Claude, et la suspend immédiatement. Par ailleurs, il en a aussi informé l'institut médical qui emploie la jeune femme.

« Madame, on m'a informé que vous fréquentiez le détenu Claude François. C'est strictement interdit, aussi je vous demanderai de quitter immédiatement l'établissement et de ne plus y revenir. Par ailleurs, sachez que votre employeur a été prévenu, il vous attend, sermonne l'homme un ton sec.

– Non, ce n'est pas vrai, tente-t-elle.

– Voulez-vous que je vous lise les courriers que vous lui adressez ?

– Ce ne sera pas nécessaire », abandonne Françoise.

« Devant l'évidence, je ne pouvais pas contester. C'est ainsi que j'ai su que Claude conservait nos échanges. Je suis sortie de Fresnes sans avoir pu le revoir, ni savoir ce qui lui arriverait. Ça a été terrible. »

Depuis quelque temps déjà, des rumeurs au sujet de leur hypothétique couple circulaient. « On a supposé que la direction avait mis un mouton[2] dans notre équipe soignante pour nous surveiller et vérifier leurs doutes. »

Ainsi, du jour au lendemain, ils sont séparés sans pouvoir se contacter. Françoise ne peut lui écrire, ses lettres seront assurément interceptées. Claude n'a pas l'adresse de son amante pour maintenir le contact et quand bien même, son mari serait alors au courant. Pour eux, c'est un séisme.

2. Un indic.

*

* *

Hélène

L'ex-jurée sera confrontée elle aussi à la brutale réalité des amours prisonniers.

Mais pour l'heure, dans le cocon de la maison de village de ses parents, dans la campagne alsacienne, elle prépare les fêtes de la fin d'année en famille. L'occasion de décorer le sapin entre cousins, venus pour la circonstance, et de cuisiner tous ensemble les *bredele*, traditionnels sablés de Noël à l'effigie de petits personnages.

« De merveilleux moments », se remémore Hélène, dont toutes les pensées sont alors occupées par Ismaël, son prisonnier, à qui elle a avoué son amour peu avant les vacances.

En réponse, il lui a fait part de ses craintes, mais a confirmé son attirance pour sa charmante correspondante. « Tu es quelqu'un de bien. Je mentirais si je disais que je ne pense pas à toi. En fait, je pense très souvent à toi, tu me redonnes confiance, t'as pas idée ! »

Boire un vin chaud au marché de Noël, s'extasier devant les stands, déguster un bretzel… Tout ceci, elle se plaît à penser qu'elle pourrait le partager avec lui un jour.

Durant ses congés, penchée sur son bureau d'étudiante, dans sa chambre, elle lui écrit. Elle complète également son journal intime, carnet de bord de sa vie de jeune femme de 24 ans. Et le soir venu, elle se confie à sa jeune sœur. Celle-ci lui suggère alors une séance photo afin d'en offrir une à son prétendant. « Elle me propose de me maquiller et me coiffer et de poser pour elle. Je me prête à l'exercice.

Dans l'un des grands salons de notre maison, j'essaie plusieurs tenues, change de maquillage, pose assise, couchée, debout, avec un chapeau, puis sans chapeau », s'amuse Hélène.

Début 2007, à la rentrée, le jeune homme l'appelle. Il a reçu les clichés de sa belle et l'un d'eux l'a particulièrement troublé.

« Mon regard, le gris-bleu de mes yeux ressort particulièrement sur celle-ci, il est subjugué ! À ce moment-là, nous sommes en janvier, cela fait donc un peu plus de six mois que nous nous sommes rencontrés, par le hasard du tirage au sort. Cela fait aussi à peine plus d'un mois depuis que je lui ai écrit LA lettre dans laquelle je partage avec lui tout ce que mon cœur dissimulait jusque-là. À la fin de cet appel, avant qu'il ne rejoigne sa cage, sans y réfléchir, un mot s'échappe de mes lèvres : “Je t'aime.” Silence un peu gêné. Il émet un petit rire. Je fais de même. “Moi aussi”, me répond-il. »

Désormais, officiellement déclarés, l'étudiante et le prisonnier éprouvent l'envie de se voir. Hélène dépose alors une demande de permis de visite au directeur de l'établissement où Ismaël purge sa peine. Une semaine plus tard, elle est contactée par le conseiller d'insertion et de probation de la prison pour obtenir des précisions et éclaircissements. Une discussion âpre dont elle se souvient encore.

« Comment avez-vous rencontré M. Ismaël ? l'interroge l'agent de probation.

– J'étais jurée pendant son procès.

– Ha !… »

Un blanc s'installe, je sens bien que ma réponse dérange ce monsieur.

« Et pour quelle raison vous intéressez-vous à lui ? poursuit-il, absolument consterné. Quelles sont vos motivations ? Que pouvez-vous bien vouloir lui apporter ? Vous êtes une jeune étudiante tout à fait respectable… »

Puis il essaie de m'intimider :

« Mais vous savez bien sûr qu'il a un enfant, et que cet enfant a une mère ? Et qu'il a aussi une grande famille ? Ils ont besoin de nombreux créneaux de visite que vous prendriez si vous veniez.

– Je sais qu'il est séparé depuis trois ans et qu'il n'a aucune visite. Mais si cela changeait, je viendrais aux horaires qui ne dérangent pas sa famille », rétorque alors la jeune femme.

« C'est la première fois que je me retrouve face au jugement. Une femme libre, éduquée, de bonne famille ne devrait visiblement pas s'intéresser à un détenu cantonné au rang de sous-homme sans intérêt. Je suis choquée, abasourdie. »

Loin d'en être dissuadée Hélène, elle, continue d'écrire à son prisonnier dans l'attente d'une réponse de l'administration pénitentiaire qui va d'ailleurs tarder.

Mais alors qu'elle ne l'avait pas prévu, Ismaël obtient une permission de sortie début mars. Neuf mois après sa condamnation et sa rencontre avec Hélène, le jeune homme retrouve la liberté pour trente-six heures.

Très impatiente, la jeune femme met alors tout en œuvre pour l'accueillir et passer du temps avec lui :

« Un ami m'avait prêté son appartement pour y passer la nuit puisque je vivais chez mes parents, et ils ne savaient pas que je fréquentais Ismaël. C'était incroyable et totalement inattendu que l'on puisse se voir pour la première fois à l'extérieur. J'étais très confiante et n'avais aucune crainte. Je m'étais rendu compte dès le procès qu'il était un homme bien. C'est vrai que ça pouvait paraître imprudent de convenir de ce moment puisqu'on se connaissait à peine, ça aurait pu mal tourner, mais mon instinct me disait de le faire. Je l'ai suivi. »

Sa première journée et nuit dehors, Ismaël la consacre à son fils et sa famille. La seconde, il se rend auprès d'Hélène.

« Nous avons convenu d'un rendez-vous vers 20 heures près d'une cabine téléphonique située sur une petite place. Pour l'occasion, je me suis maquillée, coiffée et j'ai prévu de porter une jolie robe. Mais il est en avance et m'appelle pour me dire qu'il est arrivé. Tant pis pour la robe ! Surexcitée, comme une adolescente vivant ses premiers amours, je dévale les trois étages d'une traite et je m'arrête dans le jardin de la résidence et cueille une fleur. C'est un narcisse. Je l'ai su plus tard, c'est un symbole de nouveau départ et de commencement, ça ne s'invente pas ! »

Emmitouflée dans son épais manteau, le pas rapide, Hélène parcourt les quelques centaines de mètres qui la séparent du point de rencontre. Mais sur place, elle ne voit personne à part deux hommes abrités dans la cabine téléphonique. Puis son téléphone sonne. C'est lui. « Où es-tu ? » demande-t-elle. « Derrière toi », répond-il.

« Transi de froid, il s'était réfugié dans la cabine avec son frère aîné, venu l'accompagner. Il est hilare de m'avoir involontairement joué cette petite blague. Il est beau, mais bien plus maigre que sur la photo qu'il m'a envoyée. Son visage est émacié, il grelotte. Son frère me dit avant de nous quitter : "Prends soin de lui." Je l'accepte bien volontiers. »

Alors qu'ils rejoignent la chaleur de leur appartement d'une nuit, Hélène reçoit un premier SMS de sa cadette, qui veille au grain de cette rencontre si particulière :

« Est-ce que tout va bien ?

– Très bien.

– Est-ce qu'il est tel que tu l'imaginais ?

– Bien mieux ! »

Tranquillisée, elle cesse ses messages et laisse son aînée à sa romantique aventure.

Le lendemain matin, au petit déjeuner, Hélène est heureuse et convaincue d'avoir fait le bon choix.

« Je me sens à l'aise. Cette cuisine dans laquelle nous buvons notre café pourrait être la nôtre, cette scène, nous aurions pu déjà l'avoir vécue des dizaines de fois. Entre nous, c'est simple et évident. Durant ces quelques heures passées ensemble, à aucun moment, je n'ai ressenti de gêne ou d'inquiétude, bien au contraire, j'ai immédiatement eu ce sentiment profond que l'on se connaissait depuis toujours, et que tout était à sa place. »

À l'heure du départ, sur le pas de la porte, elle embrasse une dernière fois son prisonnier, puis le regarde s'éloigner, émue.

« C'était bien trop peu. Maintenant que nous avions goûté au bonheur d'être ensemble, le téléphone et le courrier ne suffiraient plus, c'est sûr… À ce moment, je n'ai aucune certitude quant à la date à laquelle nous pourrons nous revoir. À ma demande de permis de visite, je n'ai encore reçu aucune réponse. Notre séparation est un déchirement. »

Comme si les planètes étaient décidément alignées, Hélène reçoit l'accord de la prison quelques jours plus tard et s'empresse de réserver un créneau au parloir. Ce sera le 17 mars 2007. Le début de sa vie de femme de prisonnier.

*

* *

Agnès

Même vie, mais autres contraintes. Agnès voit chaque jour son prétendant, mais ne peut afficher son ineffable bonheur.

Alors pour ne pas éveiller les soupçons, la gardienne et son bel Antillais décident d'approfondir leur lien et de se découvrir davantage à l'écrit. « On choisit de s'échanger des lettres pour éviter que l'on nous voie discuter ensemble trop souvent et que quelqu'un ne se doute de quelque chose », explique Agnès.

Chaque jour, à l'occasion de son passage au centre de formation pour suivre sa préparation à l'examen, Gabriel entre quelques minutes dans le bureau de sa bien-aimée, jette un coup d'œil circulaire et lui tend sa lettre. En retour, elle place hâtivement dans le creux de sa main le papier qu'elle a rédigé la veille au soir chez elle.

« En général, il cache mes courriers dans sa poche de jean ou dans un livre, suivant la situation. Moi, je les garde toujours au même endroit, dans une poche du baggy de mon uniforme. Comme par réflexe, je vérifie plusieurs fois par jour, si elle n'est pas tombée. Et dès que j'ai un moment, je m'éclipse dans les vestiaires pour la lire à l'abri des regards. C'est trop long d'attendre mon retour chez moi.

« Dans ces lettres, on se découvre. Il me parle de son fils, né d'une première union, de sa vie passée ; moi aussi. On évoque nos journées, nos vies dedans et ma vie dehors. »

Mais c'est un véritable numéro d'équilibriste auquel le couple s'astreint, car aucun élément contenu dans leurs missives ne doit permettre d'identifier la gardienne. Ils deviennent alors experts dans l'art de brouiller les pistes.

« C'est la condition *sine qua non* au cas où l'une d'elles serait interceptée. On utilise des références connues de nous seuls et on ne cite aucun prénom. Tout ce que nous échangeons sur nos vies, nos sentiments est vrai et tout le reste, c'est-à-dire le décor, les lieux, les dates est faux. Donc lorsque je veux lui dire que mon cœur a battu très fort quand on s'est croisés la veille, je lui écris : "Tu te souviens il y a cinq ans quand nous nous sommes vus à la Martinique, mon cœur a battu très fort."

« Je ne peux tout simplement pas lui écrire qu'on s'est vus la veille : il est en prison, donc c'est forcément une femme de son environnement, donc une surveillante, qui serait l'auteur des lettres. J'ai l'impression d'être un agent secret, ça prend un temps fou, il faut se creuser la tête, mais c'est amusant, excitant ! »

Tous les soirs, après avoir bordé son enfant, la surveillante s'installe dans son salon et griffonne des mots doux à son amant : « Je passe des heures à écrire. C'est mon moment à moi. »

Pour ses vacances annuelles, elle adopte alors une autre stratégie. « En mon absence, je lui prépare un calendrier de l'avent, avec un petit mot d'amour à découvrir chaque jour. Et pour maintenir le contact, il m'adresse ses lettres chez une amie qui les réceptionne pour moi. »

Comme sécurité supplémentaire, Gabriel détruit chacune des lettres de sa compagne une fois lues. Une utile précaution.

« Un jour, j'apprends que toutes les cellules de son étage sont fouillées. Même si je sais qu'il fait très attention, il est possible qu'il n'ait pas eu le temps de se débarrasser de mon dernier courrier. Je suis stressée, angoissée. Ce jour-là, heureusement, ils n'ont rien trouvé. Les conséquences seraient trop importantes si on se faisait pincer. La fin de ma carrière et probablement une sanction pour lui avec un transfert, loin de moi. »

Malgré tout, ce jeu dangereux soude encore plus la surveillante et le criminel. Et la discrétion dont il fait preuve pour la protéger la touche.

« Il fait attention à moi, il est très attentif au moindre élément qui pourrait me mettre en mauvaise posture. Ça me conforte dans mon ressenti, c'est un homme bien. Il veut prendre soin de moi. Je me sens protégée avec lui alors qu'en fait je suis en totale insécurité en le fréquentant. Je peux tout perdre. C'est totalement paradoxal. »

Le reste du temps, dans ses fonctions au quotidien, Agnès continue son travail, l'air de rien. Chaque matin, elle arrive à 8 heures et débute sa journée en vérifiant que tout est bien à sa place, particulièrement les couteaux utilisés pendant les cours de cuisine et contenus dans une armoire placée sous clé. Puis elle accueille les détenus, leurs professeurs, s'occupe de leurs plannings et fiches de paie.

Au moins une fois par jour, elle quitte son secteur pour se rendre dans celui de la détention pure, où se situent les cellules. Elle y croise parfois l'élu de son cœur. Un rapide clin d'œil, un sourire fugace. Tout doit être discrétion. « Il faut savoir regarder sans en avoir l'air. Lui montrer que je le vois et que j'en suis contente sans que les autres le remarquent. C'est assez subtil, ça demande un certain entraînement », plaisante Agnès.

« Un jour, il a voulu me dévoiler un peu plus son corps que je ne connaissais pas encore. La veille, dans un courrier, il me prévient de façon codée qu'il va descendre les escaliers des cellules torse nu pour se rendre en cours de promenade. Je m'arrange pour être à cet endroit précis au moment opportun et je découvre ses abdominaux sculptés. Ça m'a fait un sacré effet, mais bien entendu, je ne devais surtout pas le laisser transparaître. »

Dès que possible, Gabriel offre des cadeaux à la gardienne. DVD, parfum, l'homme commande ce qu'il peut via un catalogue fourni par la prison.

« Il utilise sa solde de détenu. Il travaille à la bibliothèque et aussi comme auxiliaire, il effectue des petits travaux de rénovation et peinture dans la prison. Il est prévenant, c'est agréable. Et quand j'ai des difficultés financières en fin de mois, il m'aide. Il m'envoie en fonction de ses possibilités entre 200 et 300 euros régulièrement.

« Le premier cadeau qu'il m'a offert, c'était un parfum, "Trésor", se souvient-elle. Il avait très bien choisi, car il m'a plu tout de suite et je l'ai porté après durant des années. »

La confiance est désormais acquise entre eux. Agnès constate que son prisonnier ne lui demande aucune faveur, son instinct ne l'a pas trompée. « Je vois bien qu'il ne profite pas de moi, ni de mon statut. Il ne me demande aucun service, même pas un carré de chocolat ! »

Sans parloir, ni moment d'intimité possible, la patience devient leur meilleur allié. Seul un ardent et précipité baiser est échangé en plusieurs mois.

C'était le 1er avril 2010, dans un espace de stockage tout près du bureau d'Agnès. « L'un de ses codétenus et ami est venu alors discuter avec mes collègues pour détourner leur attention. Pendant ce temps, j'en ai profité pour me rendre dans la petite salle et lui m'a rapidement rejointe. Là, on s'est embrassé. J'en avais des papillons dans le ventre. »

Mais à la sortie, pas question de laisser paraître le moindre signe. « C'est un peu les montagnes russes, car en quelques secondes, il faut que je redescende de mon petit nuage et que je sois la plus normale et naturelle possible. Un exercice pas si simple. »

Pendant plus d'un an, avec pour seuls échanges quelques instants volés dans son bureau et des lettres enflammées, ils vivent secrètement leur histoire à l'abri des regards. Puis Agnès prend une décision radicale afin de vivre son amour au grand jour. Ou presque…

*

* *

Chloé

Depuis quelques semaines, l'ex-professeure bénévole vit de son côté un paradoxe. Face à son entourage, elle éprouve un amour infini pour son petit garçon qu'elle a récemment mis au monde.

Une joie immense malheureusement contrariée par le manque d'implication du papa.

« De même qu'il n'avait pas beaucoup participé à ma grossesse, il n'était pas plus présent après la naissance de notre enfant. Il ne se levait pas la nuit pour le nourrir ou l'apaiser. Il est même parti au ski pendant son congé paternité. À force, j'ai accumulé beaucoup de rancœur et de colère envers lui. Je ne pouvais plus continuer. J'ai décidé de tout arrêter. Mais nous vivions encore sous le même toit, le temps, pour moi, de trouver un nouveau logement. »

Alors qu'elle vient à peine de rompre avec le père de son enfant, Loïc, le prisonnier qu'elle tentait d'oublier, refait son apparition en mars 2017, près d'un an après leur rencontre en détention lors de cours de soutien.

« Lorsque je lui avais laissé mon numéro de téléphone lors de notre dernier cours, je lui avais dit qu'il pourrait me donner de ses nouvelles à l'occasion, au cas où je ne reviendrais pas. Et ce jour arrive. Il m'appelle, me dit où il a été transféré et qu'il va bien. Il me demande des nouvelles de mon fils, c'est touchant. Il me questionne aussi sur ma situation de couple et conclut en me disant : "Si jamais tu as envie de venir me voir, tu sais où je suis." Surprise par son appel, je suis aussi embêtée, car ça réactive les sentiments que j'avais essayé d'enfouir. »

En raccrochant, la jeune mère de famille sent que ce coup de fil a semé la confusion dans son esprit et son cœur. Entendre sa voix l'a totalement déconcertée. Elle qui tentait de mettre de l'ordre dans sa vie, changer d'appartement, prendre un autre départ :

« J'ai à nouveau envie de le voir et sa proposition me trotte dans la tête. Je prends conseil auprès de mon amie bénévole. "Cela n'engage à rien, après tout", me dit-elle. Elle approuve mon envie de mettre au clair mes sentiments à son égard. Je veux savoir si je suis vraiment amoureuse ou si j'ai seulement éprouvé un coup de cœur, peut-être accentué par les hormones et les inquiétudes dues à ma grossesse. »

Dès le lendemain, elle écrit un courrier au service pénitentiaire pour demander un permis de visite. « Alors que j'étais professeure bénévole en détention, je donnais des cours à monsieur A. et un lien s'est créé avec ce détenu. Je souhaiterais donc le voir, sachant qu'il ne reçoit aucune visite. » Et elle joint à sa requête la pièce d'identité et le justificatif de domicile requis.

Une démarche qu'elle assume, mais qui néanmoins la perturbe. Son quotidien déjà chargé, entre la gestion de son métier au contact de cas autistiques parfois lourds, avec des horaires tardifs ou très matinaux selon les semaines, un bébé qui « installe » encore ses nuits et la cohabitation difficile avec son ex-compagnon, est un peu plus compliqué par la réapparition du criminel.

Car même si envisager de voir Loïc est certes une bouffée d'oxygène, une bulle de douceur, c'est aussi une source de culpabilité supplémentaire : « Je suis très affaiblie et anémiée. Je dors peu puisque je suis la seule à me réveiller la nuit pour nourrir mon enfant et j'ai peu d'appétit, car je suis préoccupée, triste par la façon dont se passe la séparation avec mon ex-compagnon même si j'en suis à l'origine. Mettre fin à dix ans de vie commune est une épreuve, d'autant que nous vivons encore dans la même maison, mais il refuse que l'on se voie, que l'on partage nos repas ensemble. Chacun reste dans sa chambre et nous évitons d'être dans les espaces communs en même temps. Cette période est bien difficile. »

Un mois après sa demande, elle reçoit le précieux sésame pour franchir les portes de la prison. Chaque jour qui passe la rapproche un peu plus de ses retrouvailles avec Loïc. « Tous les jours, je me demande si c'est une bonne idée d'y aller et ce que cette visite va engendrer, cela m'inquiète un peu. Mais quand je pense à lui, je m'évade », explique-t-elle, en plein paradoxe.

Quelques semaines après l'appel du détenu, elle se rend au parloir, à une heure de route de chez elle.

« Je suis très angoissée, d'une part parce que je ne sais ni ce qui m'attend ni comment je vais réagir, et d'autre part j'appréhende le regard des gardiens sur moi, leur jugement. Pour les avoir souvent entendus, je sais qu'ils méprisent les femmes qui tombent sous le charme des détenus, encore plus lorsqu'elles se trouvent du bon côté des grilles. »

Elle s'est mise en valeur, sans en faire trop. « Je veux lui donner une bonne image de moi, mais je reste naturelle et simple. Un peu de mascara et un jean, une tenue de ville basique. »

Dans la salle de parloir, Chloé retrouve Loïc dans un petit box fermé par une porte vitrée dans sa partie supérieure, sous l'œil attentif des sentinelles. Le détenu s'est vêtu d'une chemise pour la circonstance. À peine est-il entré, leurs regards disent tout ce qu'ils ont réfréné pendant tant de mois.

« C'est un grand bonheur de le revoir. On se prend immédiatement dans les bras. C'est la première fois qu'on se l'autorise. Je retrouve son odeur si agréable, j'ai envie de rester collée à lui éternellement. »

Durant une heure, la visiteuse et le prisonnier s'avouent leurs sentiments si longtemps retenus, leurs corps collés l'un contre l'autre. « Je lui dis à quel point il m'a manqué, à quel point j'ai tenté de l'oublier sans succès. »

À l'issue de ce tête à tête, trop court à leurs yeux, ils échangent leur premier baiser « fougueux et passionné, se souvient Chloé, on l'avait tant attendu… »

Désormais assurée de ses sentiments, elle décide de vivre son amour pour Loïc. « En sortant de la prison, je ne sais pas vraiment où l'on va tous les deux, mais plus rien ne me retient. Tous mes doutes se sont envolés et même si la suite me paraît vertigineuse, je prévois un deuxième parloir une semaine plus tard. »

À raison d'une à deux heures de visite chaque week-end, le couple noue une intense relation.

Pour ne pas subir les regards inquisiteurs des gardiens, ils prennent l'habitude de s'installer par terre, sur leurs vestes, derrière la partie inférieure et opaque de la porte, afin de se créer un cocon rien qu'à eux.

« Lors de ces précieux moments, plus rien ne compte. Nous sommes toujours serrés l'un contre l'autre. On ne se lâche pas, comme deux adolescents vivant leur premier amour et on parle de tout. Je lui raconte mon quotidien quand il n'est pas avec moi, je lui confie parfois mes difficultés de maman dans l'éducation solitaire de mon fils. Il me soutient, m'assure que je suis une bonne mère. J'écoute sa vie de prisonnier, ses préoccupations, son monde. »

Chaque matin, il se rend à l'atelier où il effectue des tâches de manutention, puis passe ses après-midi à la salle de sport. Il sort peu dans la cour de promenade, fume beaucoup. Une constante habite ses journées : penser à Chloé. Sa voix suave, son visage mutin, sa bouche fine.

Lors des parloirs, Chloé, lovée dans les bras de « son amoureux », se plaît à entrevoir un avenir commun avec lui, une vie rêvée hors les murs. « On s'imagine vivre tous les deux dans une ferme à la campagne, entourés d'animaux. Il me confie son désir d'enfant, on y pense, on se projette. C'est enivrant. »

Lorsqu'ils sont éloignés, le reste de la semaine, ils partagent l'amour et la tendresse qui les lie par écrit. « Nous échangeons de longs courriers de plusieurs pages. Loïc s'applique tellement qu'il fait d'abord des brouillons, puis les recopie pour ne laisser passer aucune faute et m'offrir de belles déclarations. »

Chloé compose les siennes dans sa chambre, parfois sur son lieu de travail lors de temps de pause, et y dépose un léger voile floral de son parfum habituel avant de les poster.

Chaque fin de semaine est attendue fiévreusement par le couple et chaque fin de parloir redoutée. Comme pour prolonger leurs étreintes, ils s'échangent leurs écharpes ou vêtements de nuit comportant leur odeur corporelle.

« Quand j'entends les gardiens annoncer "Fin de parloir, c'est terminé pour tout le monde", c'est très violent à vivre, c'est un déchirement. »

Alors très vite, elle souscrit une ligne téléphonique à son nom et transmet la puce à Loïc qui, détenteur d'un téléphone, peut désormais l'appeler lorsqu'il est isolé ou dans sa cellule le soir après la fermeture des portes. Pour pallier le manque, Chloé se divertit, se change les idées en lisant beaucoup. « Des romans à l'eau de rose, des récits réalistes et des témoignages. »

Au bout de plusieurs mois, le couple, très attaché, franchit le pas et s'autorise une relation intime au parloir.

« L'envie est là et il n'y a pas d'autre solution que cet endroit, mais j'ai mis beaucoup de temps à accepter cette idée. Je suis très mal à l'aise à cause des gardiens qui peuvent nous surprendre à tout moment. Je guette le moindre bruit de clés, de pas, c'est terriblement stressant. Cette première fois n'est pas aussi romantique et agréable qu'on l'a souhaitée, mais c'est ainsi », accepte la jeune femme dans l'espoir qu'ils vivront un jour leur amour dans l'intimité d'une chambre à coucher.

Car entre eux, un avenir semble possible, pense-t-elle. « Notre relation est presque idyllique malgré le contexte. Je le vois progresser chaque jour un peu plus vers un apaisement émotionnel par rapport à son passé, à ses actes, il tient un discours positif quant à sa réinsertion. Ça me donne plein d'espoir. »

*

* *

Sigrid

La Française expatriée au Danemark, elle, a perdu tout espoir depuis qu'Alan, son correspondant condamné à mort, ne s'est plus manifesté six semaines auparavant. Un silence insoutenable qui l'a plongée dans une torpeur imprévue.

« Alors que je n'y croyais plus, un beau matin, je reçois des nouvelles d'Alan. Ses premiers mots sont "*I Love You*". Je suis rassurée, mais ne souhaite toujours pas m'impliquer plus avec lui. Je suis très attachée, mais j'ai peur de m'engager avec lui. »

Le jeune homme lui fait part de ses tourments. Aimer quelqu'un dans ces conditions n'est pas chose aisée.

« Je suis dans le couloir de la mort depuis déjà douze ans et je n'envisageais pas jusque-là d'avoir une histoire d'amour, car je n'ai rien à offrir et je souhaite aussi me préserver d'un amour qui ne serait pas réciproque ou qui pourrait me blesser. Mais j'ai été vraiment très triste de ne plus être en lien avec toi durant ces quelques semaines alors quoi que tu décides, j'accepterai ce que tu voudras bien m'offrir. De l'amour ou l'amitié, j'en prendrai mon parti. »

« À la lecture de ses mots, j'ai beaucoup pleuré, j'étais très émue. Et j'ai pris la décision de le rencontrer. Il le fallait pour que j'obtienne des réponses. Je devais me confronter à ce qu'il était en réalité pour savoir si je l'avais idéalisé d'une part et si je ressentais de l'amour pour lui, d'autre part. Lui n'avait aucun doute, j'en avais plein ! »

On est alors en octobre 2014, Sigrid s'y rend mi-décembre.

Son voyage est une véritable expédition de près de quinze heures. Il est financé avec l'argent hérité de son père, décédé deux ans plus tôt, car Sigrid, désormais jeune diplômée, n'a pas encore trouvé un emploi qui subvienne à ses besoins. À sa famille, elle dit qu'elle souhaite rencontrer son correspondant sans préciser les raisons qui la poussent à le faire. « Je pense que ma mère avait compris », se doute-t-elle.

Le 14 décembre 2014, Sigrid se présente devant les portes du centre correctionnel de Raiford en Floride. Pour la circonstance, elle s'est apprêtée et maquillée « mais pas trop », précise-t-elle. « Un peu de mascara, un fard à paupières léger, et un rouge à lèvres *nude*. Je voulais rester naturelle, comme je le suis habituellement. Un jean et un T-shirt pas trop près du corps pour passer les contrôles sans encombre. »

Alors qu'elle franchit les nombreux check-points qui l'emmènent jusqu'au parloir, l'angoisse la gagne.

« J'avais très peur de ne pas le reconnaître. Il m'avait envoyé plusieurs photos, mais paraissait différent sur chacune d'elles. Je craignais aussi de ne pas savoir quoi lui dire. J'étais un peu impressionnée par les lieux, mais pas trop, car ce n'était pas si austère que je l'imaginais et les gardes étaient plutôt agréables. Or, je m'attendais à être un peu maltraitée, comme dans les films ! »

Installée dans une grande salle équipée de tables en métal fixée dans le sol, Sigrid est affectée à l'une d'elles. Lorsqu'Alan fait son entrée, tout s'illumine. Son sourire à lui, ses yeux à elle.

Qu'est-ce qu'il est beau ! Qu'est-ce qu'elle est belle !, se disent-ils à eux-mêmes. Est-ce qu'on s'embrasse ? Je la prends dans mes bras et je l'embrasse ? Qu'est-ce que je vais bien pouvoir lui dire, je suis nulle en anglais... J'ai hâte d'entendre sa voix. Il s'approche de moi, quel sourire ! Elle rougit, c'est adorable.

Instantanément charmés, terriblement troublés l'un et l'autre, ils s'enlacent, puis échangent un doux baiser.

« Je ne parviens pas à formuler un seul mot ce jour-là. Je suis très intimidée, peu confiante en ma capacité à dialoguer en anglais, d'autant qu'il a un accent du Sud incompréhensible. Alors on rit et on se prend les mains. Pendant près de six heures, durée de cette visite, on s'est contentés de se regarder et pourtant, c'est passé à une vitesse folle ! »

Ce premier contact est à l'évidence un chamboulement pour Sigrid. Vraisemblablement aussi pour Alan qui, dès son retour en cellule, écrit sa joie par courrier d'avoir rencontré sa « petite amie », puis l'adresse à l'hôtel où Sigrid a prévu de séjourner une dizaine de jours. Selon leur mode de fonctionnement habituel, les correspondants s'écrivent entre chaque visite. Plus à l'aise dans cet exercice qu'à l'oral.

Sept parloirs sont prévus durant son séjour aux États-Unis dont un le jour de Noël. « J'ai l'habitude de ne pas passer les fêtes de fin d'année en famille, alors cela ne me prive pas d'être ici avec lui, bien au contraire. » À l'autre bout du monde, dans le couloir de la mort, un jour de célébration familiale, Sigrid avoue se sentir à sa place. « Tant que je suis avec lui, je suis heureuse », affirme-t-elle. Le couple s'embrasse et s'étreint avec de plus en plus de fougue et de passion au fil des jours. Un baiser pour se dire bonjour accompagné d'un *hug*, comprenez « câlin ». Un autre pour se dire au revoir. Brefs instants volés grâce auxquels naît pourtant leur idylle.

À l'approche de son départ, Sigrid éprouve encore quelques réticences à s'engager auprès d'Alan malgré l'évidente attirance qu'elle éprouve. « J'avais plus à perdre que lui dans cette histoire. Notamment le perdre, lui, du jour au lendemain, avec cette sentence qui planait comme une épée de Damoclès. »

Alan est à l'époque dans l'attente d'une décision concernant l'appel de sa condamnation à mort, ce qui permet de suspendre l'application de sa peine dans l'intervalle. Mais cet élément n'est visiblement pas un réel argument pour Sigrid. « Je me rends compte que même où il se trouve, je n'envisage pas ma vie sans lui. Je suis sur un nuage. Il est tel que je l'avais imaginé, je suis prête à affronter l'éloignement, la prison, avoir une vie un peu à part. »

Pour autant, il n'est pas encore question de quitter le Danemark si cher au cœur de Sigrid et de déménager près d'Alan. Mais quelques semaines plus tard, en juin 2015, une annonce fait vaciller les limites qu'elle s'était fixées.

*

* *

Laure

Désormais franchies, les limites qu'elle s'était imposées jusque-là ont volé en éclats.

Christos et la surveillante s'aiment en détention et même en cellule. Celle du braqueur abrite alors leurs baisers, leurs gestes tendres. « Je rentrais dans sa cellule lorsque les collègues étaient absents. Je connaissais par cœur leurs habitudes et temps de pause, mais je faisais quand même très attention. »

Désormais, ce n'est plus que sur les détenus qu'elle exerce sa surveillance, mais sur ses collègues. Et les clés, censées fermer les portes, lui servent à ouvrir celles de son compagnon. Et ainsi entretenue par l'excitation de l'interdit, la passion grandit, grise le couple.

Les amants s'échangent aussi des courriers et se téléphonent grâce à un portable que Christos camoufle dans sa cellule. Des appels que Laure guette invariablement chaque soir, chevillant sa vie de liberté à cette attente quotidienne. « Au fond de moi, je me disais : "C'est dingue, cette histoire !" J'avais tellement de mal à y croire. Et pourtant, j'étais là, prête à tout pour le voir, l'entendre, le sentir. »

Très vite, Laure tombe éperdument amoureuse. Subjuguée par le charisme de son cambrioleur belge, elle fait graver un médaillon avec son prénom et le sien, et l'offre à Christos. « Il le portait autour du cou, moi aussi. Je ressentais une vraie symbiose. Lui aussi était très amoureux. »

Avec cet homme, elle veut croire que leur histoire est différente de toutes les autres. Elle le sent, même si dès leurs premiers rapprochements, il lui annonce qu'il ne compte pas rester en prison bien longtemps. Déjà évadé d'une maison d'arrêt trois ans plus tôt, il compte bien reproduire l'expérience et l'aide de la surveillante ne serait pas superflue. « Dès le début, il me l'a fait comprendre et plus le temps passait, plus il me le répétait. »

Chapitre IV
Enfermées dehors

Sonia

Depuis sa visite à Nathanaël, l'ex-surveillante est aux anges. Les mots d'amour échangés depuis plusieurs mois par courrier se sont confirmés lors de leur première rencontre au parloir. Elle le sait dorénavant, il est l'homme qu'elle espérait depuis longtemps.

« Jusqu'à présent, je n'avais pas connu de relations très épanouissantes. Même plutôt humiliantes, avec des hommes violents, irrespectueux qui m'avaient parfois plongée dans un état dépressif et fait perdre confiance en moi. Nathanaël me redonnait espoir en l'amour, le vrai », confie Sonia.

Le pli est alors vite pris. Le couple se voit en prison un week-end toutes les deux semaines. Pour ce faire, Sonia parcourt les cinq cents kilomètres qui la séparent de son amant en train, puis en taxi, et loge dans une maison mise à disposition par une association aux familles de détenus. Là-bas, elle y rencontre d'autres femmes dans la même situation, « les seules qui pouvaient vraiment comprendre mes peurs, frustrations, craintes et chagrins ». Entre elles, des liens se tissent, parfois pour un long moment. Un vrai soutien dans les moments difficiles.

Mais pour l'heure, au printemps 2009, elle est heureuse, presque euphorique, de rejoindre son amant deux fois par mois. « C'est comme si je partais en vacances pour retrouver mon amour d'adolescente », sourit-elle.

Durant environ trois heures le samedi et le dimanche, le couple bénéficie d'un petit appartement appelé « salon familial ». Une intimité appréciée qui leur permet de poser les jalons de leur relation naissante.

« C'est intense entre nous. Il est adorable, attentionné, tendre. Il me complimente et se renseigne sur mes goûts, me promet de me faire la cuisine dès que possible. Je suis heureuse et soulagée aussi, car j'ai fait le bon choix. C'est avec lui que je souhaite être et je n'ai aucun regret d'avoir cessé mon activité de surveillante, car maintenant nous sommes "libres" de nous aimer. »

Ces moments entre eux, sans surveillance, sont l'occasion de vivre certains privilèges de la vie de couple à l'extérieur, qu'ils souhaitent impatiemment partager ensemble. Comme leur premier petit déjeuner. « Des brioches industrielles et des canettes de jus de fruit que Nathanaël pouvait cantiner, se souvient Sonia. Rien de bien romantique, mais j'étais contente malgré tout. Je me satisfaisais du minimum tant que j'étais à ses côtés. »

Entre les murs de ce studio, ils rêvent à un avenir commun au grand air, au Canada.

« Nathanaël est passionné par Nicolas Vanier et sa vie d'aventurier avec sa famille. Sur ses conseils, je lis *L'Enfant des neiges*. Ce récit me fait rêver et la façon dont il en parle aussi. Mon homme aime la chasse, la pêche, il peut passer une semaine dans une tente en pleine nature. Moi, je n'aime même pas le camping, mais pour lui, je suis prête à partir au bout du monde ! »

Le retour en région parisienne est constamment « un déchirement ». « Je me sens un peu comme une femme de marin, de routier, ou de militaire qui part en mission, qui doit faire avec l'absence de son mari. Même si les au revoir sont difficiles, je l'ai choisi et je ne suis pas du genre à me plaindre. »

Dans la vie de l'ex-gardienne, un petit rythme calqué sur ses visites en détention s'instaure.

Outre les moments passés ensemble, Sonia noircit de pleines pages de texte à l'attention de son homme sur la table en formica blanc de son appartement.

En retour, il lui adresse des lettres fourmillant de détails, de mots d'amour et de compliments. Elle apprécie la sensibilité de son amant, sa douceur, et conserve chacune d'elles dans un classeur plastifié rouge.

Le reste du temps, la trentenaire tient à mener une existence tout à fait ordinaire, relativement peu impactée par l'incarcération de son compagnon. Du moins à cet instant.

« Je ne m'interdis pas de vivre. Je me refuse à culpabiliser quand j'occupe mes soirées dans une salle de sport ou à sortir avec mes amies. D'une part, parce que ça m'aide à supporter son absence et d'autre part, parce que je n'ai rien fait et n'ai rien à me reprocher. Je suis déjà assez punie par la situation et j'ai besoin de vivre à peu près normalement pour tenir le coup. Nathanaël le sait et je ne lui cache rien de mes activités. Il est compréhensif et se réjouit que je ne reste pas enfermée chez moi à penser à lui. »

« Tu as raison, amuse-toi », l'encourage-t-il.

Mais pour éviter de frustrer le détenu ou de l'inquiéter sur sa fidélité, Sonia précise souvent qu'il est le seul qui compte à ses yeux quoi qu'elle fasse à l'extérieur. « Je lui dis aussi que dans ces moments-là, il me manque, car j'aimerais faire tout ça avec lui. Je le rassure sur le fait qu'il est l'unique homme de ma vie et le plus beau à mes yeux. »

Bien qu'elle s'en défende, sa relation avec un détenu a inévitablement des répercussions sur sa vie et ses relations familiales. Au bout de quelques semaines, Sonia finit par avouer cette passion à son entourage. D'abord à une amie proche qui partage son enthousiasme. Puis à ses parents. Une tâche plus délicate.

« Pour que ma mère soit dans de bonnes dispositions, j'avais acheté un bouquet de fleurs de la part de Nathanaël. Mais cela n'a pas suffi, elle a eu beaucoup de mal à l'accepter : “Mais tu fais n'importe quoi ! Et tu as quitté ton travail en plus. Tu vas le regretter, c'est une erreur”, réagit-elle vivement. Elle était très inquiète pour moi, pour la solitude qu'engendrait cette relation, mais aussi pour le meurtre qu'il avait commis. Ça ne la rassurait pas du tout, même s'il était incarcéré, donc pas dangereux dans l'immédiat. Je pouvais la comprendre, je ne lui en voulais pas du tout. Mon père s'est montré plus ouvert d'esprit. »

« Si tu es heureuse, ma puce, c'est l'essentiel », lui répond l'ancien surveillant de prison, habitué au monde carcéral.

« En détention, il a toujours privilégié l'humain au crime. Il avait même de la sympathie pour certains qui avaient commis bien pire que Nathanaël », justifie Sonia.

Cette annonce faite, Sonia espère alors que la prochaine sera collégialement reçue avec enthousiasme. Car elle n'a pas tout dit à ses proches. Avec Nathanaël, elle a bien d'autres projets et rien qui puisse rassurer sa mère.

Embarquée dans cette folle passion, elle s'apprête, en effet, à passer une étape importante dans sa vie, cinq mois seulement après leur premier baiser.

*
* *

Claudine

L'éleveuse de chats vient aussi de franchir un cap crucial dans son histoire avec Ronnie. Ses visites au parloir du couloir de la mort ont confirmé sa conviction. Son correspondant est bien l'homme qu'elle veut aimer et même épouser !

Dès leur deuxième tête-à-tête, Ronnie a, en effet, suggéré qu'ils s'unissent : « Il effleure un tatouage que j'ai dans le creux du bras, c'est une date, le 11 juin 2011, celle de mon premier mariage. Puis il me sourit et dit : “Peut-être qu'on pourrait transformer ça en 11 juin 2020.” Je souris à mon tour, et la veille de mon départ, il me demande si je veux être sa femme. J'accepte, évidemment ! Il n'en revient pas, me dit que je suis folle, mais je suis juste absolument certaine qu'il est l'homme de ma vie.

« À peine le pied posé sur le sol français, je commande de nouveaux billets d'avion pour retourner auprès de lui », s'empresse la mère de famille qui a convenu de revenir tous les deux mois et demi.

Le retour à son quotidien et l'atterrissage émotionnel sont éprouvants. Son rôle de mère de famille l'oblige à vite reprendre pied avec la réalité, d'autant qu'elle est désormais seule avec ses enfants âgés de 10 ans, 4 ans, 3 ans et 20 mois.

« Son odeur, ses bras, sa voix me manquent, des choses auxquelles je n'avais pas goûté avant de le rencontrer. Par ailleurs, je digère encore ma séparation d'avec le père de mes enfants. Il a quitté la maison depuis cinq mois, je clos un chapitre de ma vie et ce n'est pas si simple. Je suis un peu submergée et en pleine adaptation d'une nouvelle vie, seule avec mes enfants à charge et à plein temps, leur papa ne s'occupant plus d'eux depuis son départ. Alors je me crée une bulle chez moi, un monde auquel j'intègre Ronnie petit à petit. »

Claudine encadre et dispose des clichés, pris en détention, d'elle et son homme dans son salon. Sur un fond de ciel multicolore – une fresque de coucher de soleil peinte par des détenus –, le couple pose face à l'objectif. Ronnie a posé son bras sur l'épaule de Claudine, pudique geste d'affection autorisé.

« C'est qui ? questionnent alors les enfants.

– C'est Ronnie, c'est l'amoureux de maman, leur répond Claudine, qui a déjà évoqué son existence à plusieurs reprises.

– Mais il est où ?

– Aux États-Unis », explique dans un premier temps la mère de famille.

« Au fur et à mesure, Ronnie commence à faire partie de leur vie, d'abord avec des photos, puis des conversations le concernant. Je ne leur impose pas et attends que les questions viennent d'eux.

« Je me suis assurée de les faire consulter régulièrement, pour accompagner tout ce chemin et conserver un œil extérieur sur leur développement émotionnel. J'ai pleinement conscience que c'est une épreuve pour eux et que cette vie n'est pas conventionnelle, et même si on peut penser que mon choix est égoïste, toutes les décisions que je prends et que nous prenons avec Ronnie sont toujours pour le bien des enfants », assure Claudine.

Trois semaines après son retour en France, la jeune femme reçoit un colis provenant de Floride. À l'intérieur, un bijou, scellant officiellement leurs fiançailles. Ronnie l'a choisi par l'intermédiaire de sa mère et payé avec des économies constituées grâce à la vente de quelques dessins et tableaux qu'il peint et de dons effectués par des correspondants. « C'est une très jolie bague en argent et zircons. Je la passe à mon annulaire gauche et fais une photo que je lui envoie. »

« Elle est magnifique, tu n'aurais pas pu mieux choisir, écrit-elle en légende.

— Tu mérites des diamants, ça viendra », répond-il.

Mais déjà le deuxième séjour approche et ne fait que confirmer les impressions du premier.

Au retour, le couple, inventif, met en place des activités en commun pour se sentir au plus près l'un de l'autre malgré la situation.

« On convient de faire notre séance de sport en même temps et de réaliser des exercices similaires. On écoute une playlist qu'on a constituée ensemble au même moment en pensant l'un à l'autre, on regarde aussi des films identiques et on les commente ensuite par écrit. » Les fiancés vont jusqu'à partager des repas communs.

« Ronnie m'envoie des colis avec les ingrédients de ce qu'il mange en détention et je me prépare la même chose. Le plat typique, ce sont des nouilles chinoises aux légumes, mélangées à des sardines hachées avec du fromage frais, le tout nappé de sauce soja. Ce n'est pas de la grande cuisine, mais c'est comme si j'étais un peu à table avec lui. »

Comme précédemment, Claudine a déjà organisé son prochain voyage en Floride. Ce sera en mars 2020, le 14. Du moins, c'est ainsi qu'elle l'envisageait. Mais comme le reste du monde, elle ne pourra pas sortir de chez elle pendant plusieurs semaines, et revoir Ronnie avant de nombreux mois. Le virus de la Covid-19 contamine le monde entier, obligeant les dirigeants de tous les pays à confiner leurs populations. En France, c'est dès le 12 mars que plus personne ne pourra vivre normalement. Une lente attente s'amorce. Bien plus lente que le couple ne l'imagine.

Après la stupéfaction de cette annonce, la tristesse de ne pas se voir et l'angoisse de l'incertitude, Claudine et Ronnie s'adaptent une fois de plus et poursuivent leur vie commune par-delà l'Atlantique, par-delà la prison, par-delà la funeste peine à laquelle il est condamné.

« Chaque matin, nous commençons notre journée par l'e-mail du matin pour nous dire bonjour, puis nous échangeons dans la matinée, à midi, encore une fois dans l'après-midi, le soir et avant de dormir. Nous partageons nos journées, comme s'il était là avec moi. Tout près. »

Le couple, privé de contacts physiques, pandémie ou non, parvient à installer une « relation charnelle épanouissante », selon Claudine.

« Bien sûr, j'aimerais pouvoir l'embrasser chaque minute et le toucher quand j'en ai envie, mais nous arrivons vraiment à faire l'amour par écrit. Nous campons le décor, l'humeur, ce que nous portons, nous décrivons absolument tout ce qui peut favoriser l'illusion d'être ensemble. »

Suffisant pour évincer d'autres prétendants connaissant sa situation. « L'acte physique en soi ne me manque pas, pour une raison très simple, je n'ai d'yeux que pour Ronnie, et je n'envisagerais même pas une seconde qu'un autre homme pose sa main sur moi. Certains m'ont proposé une aventure que j'ai refusée. Ils se sont sentis vexés, humiliés que je leur préfère un condamné à mort », déplore Claudine.

La tendresse manque tout de même et, malgré tous leurs efforts, l'absence est difficile à combler. Et cette période interminable ne fait que renforcer l'impatience de Claudine et sa peine. Car en mai, en France, le dispositif de confinement est progressivement levé, mais pas aux États-Unis dont les frontières restent fermées aux Français.

« Au début, on se disait que c'était l'affaire de trois mois, puis en juin, on pense que ce sera possible à la fin de l'année, mais c'était sans cesse repoussé. »

À ce moment-là, Claudine commence à perdre pied, très impactée par la séparation d'avec Ronnie et l'avenir incertain.

À l'été 2020, c'est la désillusion. Sa mère vient passer des vacances auprès de sa fille et ses petits-enfants. Le séjour qu'elle avait alors imaginé prend une tout autre tournure.

« Ma mère a pris conscience que j'étais vraiment décidée à épouser Ronnie et elle a pété les plombs. Elle m'a dit mes quatre vérités, c'était violent : “Tu n'as jamais rien fait comme tout le monde. Tu es complètement folle de te marier avec lui. Ronnie est un meurtrier, une ordure. Un jour, tu finiras dans les pages faits divers, ma fille, quand il t'aura fait tuer!” J'étais blessée, d'autant que je vivais déjà une période très difficile. »

Au fil des semaines, Claudine sombre et entre en dépression. Avec l'aide d'un traitement et de thérapies diverses, elle fait front notamment pour ses enfants qui remarquent néanmoins son mal-être.

« Tout ça me fait prendre conscience que ma relation avec Ronnie est et restera stressante, et je suis en train de me forger les armes nécessaires pour affronter cette vie d'épreuves et de difficultés. Je le fais pour lui, pour nous, pour notre famille, nos projets, notre vie. »

Une combativité d'autant plus nécessaire que la levée des restrictions ne suffira pas à ce que le couple se retrouve.

*
* *

Françoise

Des épreuves, Françoise aura aussi à en vivre. D'ailleurs, la première d'une longue liste se profile.

Alors que son idylle avec Claude a été découverte, elle a été sommée par le directeur de quitter prestement la prison de Fresnes et se rend à présent chez son employeur, averti de la situation.

Le ton est tout aussi cassant que précédemment. « Je n'avais que deux choix : soit je donnais ma démission, soit j'étais licenciée pour faute grave. À l'époque, ça pouvait nous suivre toute notre carrière, j'ai préféré abandonner mon poste. »

Grâce à une femme médecin rencontrée en prison, elle retrouve un emploi au sein d'une mutuelle à destination des enseignants. Désormais, elle travaillera comme infirmière préleveuse dans de vastes locaux, sur plusieurs étages, au-dessus de la gare Montparnasse. Auprès de son mari et de ses parents, elle justifie ce changement d'affectation. « Je ne me souviens pas du tout de ce que j'ai pu leur dire, j'étais tellement bouleversée à ce moment-là, mais j'ai trouvé une explication plausible et même s'ils ont paru surpris, ils m'ont crue. »

Mais ce qui préoccupe au plus haut point l'infirmière, c'est le sort de Claude et l'impossibilité de rester en lien. « Je n'avais aucun moyen de lui expliquer ce qui se passait, ni en face-à-face, ni par courrier. Les lettres étaient lues et ne seraient jamais parvenues jusqu'à lui. J'étais effondrée, car je pensais que je n'aurais plus jamais aucun contact avec lui. Je me doutais, en plus, qu'il avait dû être sanctionné. »

Elle suppose qu'il a été transféré ailleurs et n'a aucun moyen de savoir à quel endroit. Et de la vie passée de Claude, elle connaît très peu de choses et a surtout retenu qu'il était orphelin et fils unique. Il n'existe donc aucune famille à contacter pour maintenir une relation, même par l'entremise de quelqu'un. Pour la jeune infirmière, c'est un cataclysme.

« J'étais perdue, en grande souffrance morale d'être séparée de lui. Nous n'avions échangé aucune coordonnée pour nous retrouver à sa sortie ou pour qu'il m'écrive quelque part. C'était une coupure nette, brutale, avec une totale incertitude sur la suite. À mon travail, dans mon box, entre deux prélèvements, je me morfondais et ne pensais qu'à lui. Je me demandais comment continuer sans lui. »

La mère de famille poursuit ainsi sa vie morne, désormais sans la promesse d'avenir qu'elle entrevoyait avec Claude. Une déception et un chagrin incommensurable. D'autant que les relations avec son époux n'évoluent pas. « Il m'était totalement indifférent. Comme avant ma rencontre avec Claude, je m'imaginais le quitter une fois libre, quand ma fille serait autonome. »

En attendant, les jours s'égrènent lentement. Françoise, l'air triste, fait face malgré tout. Sa vie, bien réglée, reprend. Chaque vendredi soir, elle monte en voiture avec son mari et leur fillette de 5 ans en direction de Conflans-Sainte-Honorine, là où vivent ses beaux-parents, pour y passer la fin de semaine. Les seuls moments d'apaisement relatifs. « Mes beaux-parents sont très gentils, prévenants avec moi. Ma belle-mère me cuisine des plats que j'aime et prend en charge ma fille. Je peux au moins souffler un peu et me reposer. »

À l'issue du week-end, après avoir regardé le film du dimanche soir, la famille rejoint son appartement de Montrouge. « Comme d'habitude, ma fille s'est endormie et pendant que son père gare la voiture, je monte les cinq étages sans ascenseur de notre immeuble avec la petite dans les bras et les sacs sur mes épaules, seule à tout gérer. Et je prends soin de la recoucher dans son lit en espérant qu'elle ne se réveille pas. »

Le lendemain, lundi, comme chacun des jours suivants, c'est la reprise de la routine. 8 h 30 : accompagner l'enfant à l'école, puis emprunter le métro pour se rendre à Montparnasse. Embaucher à 9 heures, puis prélever du sang, de la peau, du liquide nasal, déjeuner rapidement à tour de rôle avec les collègues quand le travail le permet, puis quitter son poste à 15 h 30 pour faire quelques courses, aller chercher la petite une heure plus tard, puis rentrer à la maison. Enfin préparer le dîner, le consommer, débarrasser la table, faire la vaisselle et se coucher épuisée à côté d'un homme qu'on n'aime pas.

« Durant presque un an, je n'ai eu aucune nouvelle de Claude. Je ne savais rien, ni où il était, ni comment il allait. Je vivais comme un automate, sans me confier à quiconque. J'affrontais le quotidien, j'agissais sans me poser de questions. Heureusement que j'avais ma fille, elle était ma raison de vivre. »

Françoise reporte alors son affection sur elle et consacre toute sa concentration à cette petite fille espiègle et énergique avec laquelle elle s'entend bien. Devant elle, la mère de famille veille à ne jamais pleurer, ni à relire les lettres de Claude de peur de s'entendre poser des questions.

Puis, un beau matin de février 1976, elle reçoit la visite impromptue d'un homme qu'elle ne connaît pas. « Alors que je travaillais, une secrétaire vient me dire qu'un homme s'est présenté devant elle et souhaite me voir pour des raisons personnelles. »

Françoise le rejoint à l'accueil, puis ils s'éloignent dans un couloir pour discuter. Les fous espoirs de l'infirmière se réalisent alors.

« Je viens de la part de Jean-Claude François[1], explique l'homme, un ancien détenu. J'ai une lettre pour vous.

– Merci beaucoup », bégaie Françoise, stupéfaite, tout en s'emparant du courrier tendu.

« Je n'en revenais pas, je tremblais de la tête aux pieds. J'ai aussitôt couru m'enfermer dans mon box pour décacheter l'enveloppe et lire ce que m'avait écrit Claude. Il me disait à quel point je lui avais manqué et que si je le souhaitais, je pouvais écrire au curé de la prison de Melun qui lui transmettrait mes courriers. J'apprenais donc qu'il avait été transféré là-bas après la découverte de notre relation. J'étais tellement heureuse à l'idée de pouvoir à nouveau communiquer avec lui. C'était incroyable, extraordinaire ! »

Françoise s'empresse ainsi de rassurer son prisonnier. Il lui a manqué aussi et elle a évidemment très envie de renouer avec lui. Débute alors entre eux une nouvelle relation épistolaire et distanciée.

Chaque jour, en prévision d'un envoi provenant de la prison, Françoise prend soin de récupérer le courrier dans sa boîte aux lettres avant le retour de son mari, puis le dissimule dans la même cachette qu'au début de leur idylle, dans une boîte métallique sous le lit conjugal.

Dans l'un de ces écrits, elle en apprend plus sur les conséquences de la dénonciation qui les avait séparés.

« Il avait fait un mois de mitard, puis avait été mis sous haute surveillance pendant plusieurs semaines à Melun. Les premiers temps, il avait fait profil bas pour ne pas éveiller les soupçons. Il s'était fondu dans la masse des

---

1. Comme indiqué auparavant, il s'appelle bien Jean-Claude François. Françoise l'a renommé Claude, car son mari s'appelle également Jean-Claude et elle ne souhaitait pas faire de confusion.

détenus tout en les observant, repérant ceux à qui il pourrait demander une faveur, en l'occurrence me faire passer un message. À l'approche de la sortie d'un de ses codétenus en qui il avait confiance, il lui a donné sa lettre et le nom de l'institut pour lequel je travaillais. C'est ainsi qu'il m'a retrouvée. »

La belle infirmière cache toujours le moindre de ses ressentis à ses proches, mais c'est de la joie qu'elle retient dorénavant. Les seuls moments d'émotion qu'elle s'accorde sont l'écoute de chansons que Claude interprète en détention. « Il chantait dans la chorale de la prison et d'après le prêtre, il avait une très belle voix. J'avais donc acheté un vinyle des chants qu'il entonnait. Je me sentais plus proche de lui. J'en avais les larmes aux yeux », se souvient Françoise.

Il leur est en revanche impossible de se voir. N'étant plus engagée par l'administration pénitentiaire, elle pourrait théoriquement rendre visite à Claude, mais son emploi du temps l'empêche tout bonnement d'aller à Melun sans risquer d'être découverte. « Je travaillais tous les jours à Paris et devais être présente devant l'école de ma fille à 16 h 30. Je n'avais aucun moment assez long pour prendre le train, le retrouver, puis revenir avant le retour de mon mari. Les week-ends, j'étais encore moins libre », déplore la jeune femme.

Mais la chance finit par sourire au couple. Quatre mois après avoir repris contact, Claude annonce à Françoise qu'il va obtenir une première permission de sortie d'une journée.

Enfin une possibilité pour eux de se voir, s'enlacer hors des murs de la prison, sans aucun contrôle. « J'étais tellement impatiente, on ne s'était pas revus depuis plus d'un an. J'en tremblais d'émotion. » L'approche de leurs retrouvailles tant espérées, imaginées, fantasmées, obsède Françoise. « Une nuit, j'ai rêvé que l'on faisait l'amour et je me suis retrouvée sur mon mari, qui lui n'a pas compris, bien entendu ! » Elle guette chaque jour, heure et minute qui la rapprochent des bras si enveloppants et rassurants de cet homme, ceux qui l'ont bouleversée tant de mois auparavant.

*
* *

Hélène

À peine sortie des bras de son prisonnier, Hélène obtient le permis tant attendu, précieux sésame pour le voir en détention quelques jours plus tard. « Notre première nuit, notre premier petit déjeuner passés ensemble étaient parfaits. Je suis impatiente de le retrouver, même si je sais que ce sera dans un tout autre décor. »

Ce 17 mars 2007, l'étudiante monte dans le train express régional bleu et gris qui mène au centre de détention. Assise près d'une fenêtre, elle voit le paysage défiler, la ville s'éloigner et la campagne alsacienne s'installer. Un peu angoissée par ce premier rendez-vous en prison, elle craint de ne pas trouver l'établissement, et a anticipé son horaire de parloir d'une heure et demie.

Quatre-vingts kilomètres plus loin, il apparaît sur le sommet d'une colline, imposant, encerclé de barbelés. À l'intérieur, on lui fournit son permis de visite, « une petite carte rectangulaire avec mon identité, celle du détenu que je suis autorisée à voir et son numéro d'écrou » et une clef de casier pour y ranger ses affaires. Elle passe le portique de sécurité et différents sas, puis elle découvre la salle de parloir.

« Une grande pièce dans laquelle se trouvent de petites tables séparées les unes des autres par de minces cloisons mobiles. Tout est vert dans cette salle, d'un vert pastel un peu fatigué. Je suppose que du point de vue de l'administration pénitentiaire, cela doit signifier que nous devons rester pleins d'espoir. Le mobilier est rudimentaire, et un peu vieillot, mais il fait le job. La vue est assez morne, mais on s'en contentera. Le café est basique, mais on s'en contentera aussi. Je ne me suis pas particulièrement apprêtée, car je n'ai pas spécialement de goût pour la mise en beauté, je n'aime pas trop tricher. Et ce qui compte ce jour-là, ce sont nos retrouvailles », explique la jeune femme aux longs cheveux ondulés et aux yeux clairs.

Elle s'installe à une table près d'une fenêtre. Puis Ismaël entre.

« Il est très intimidé, il n'ose même pas me regarder dans les yeux. C'est curieux pour quelqu'un qui a quand même braqué deux banques ! » se dit Hélène. D'autant qu'ils sont intimes dorénavant, mais il y a le contexte. Dans ces murs, le détenu est plus entravé.

« Il s'excuse d'être si timide, de ne pas trouver les mots. Nous vivons tout de même quelque chose d'inédit et d'un peu déroutant. Je pose ma tête contre son épaule, puis je serre ses mains dans les miennes, il contemple le nœud qu'elles forment, sans relever les yeux pendant de longues minutes… Puis me dit :

“Tu es une fille éduquée, de bonne famille. Tu devrais plutôt fréquenter un médecin ou un avocat. Pourquoi moi ?

– Je ne sais pas, c'est toi, c'est comme ça."

« Il est sûr que j'aurais eu une vie différente si j'avais fait un autre choix, mais je l'aime. Et j'apprécie tout compte fait cette retenue, ce temps pour nous connaître, preuve que notre histoire naît sur des bases solides et sincères. »

En sortant, Hélène a « l'impression de voler ». Elle a d'ores et déjà planifié les prochains parloirs. Ils se verront désormais trois fois par semaine, le mercredi, samedi et dimanche durant trois heures à chaque fois.

Des absences régulières qu'elle justifie auprès de sa famille par des révisions à la bibliothèque – qu'elle effectue en réalité dans le train – et des sorties avec des amis.

Ses visites à son prisonnier sont chacune tout aussi magiques. Ismaël se détend à présent qu'il est rassuré sur leur relation. « Il me rend heureuse. Ses baisers sont doux, tout comme sa peau, il sent bon, c'est très agréable. Et je sens que ce n'est qu'un début entre nous. J'ai l'impression d'être happée par quelque chose de plus fort que moi et j'apprécie complètement de me laisser aller dans ses bras. »

Ils posent déjà les bases d'une vie future qu'ils s'imaginent ensemble. Des enfants ? Ils en auront quatre. À quelle fréquence ? Tous les trois ans, pour ne pas creuser un écart d'âge trop important. Une maison ? Oui, avec un jardin pour que les petits gambadent. Quel travail ? Ismaël est issu d'une famille de pêcheurs, son cousin pourra l'embaucher. Ainsi, ils envisagent leur avenir, un peu plus à chaque visite.

Dans cette dynamique positive et bien huilée, quelques grains de sable se glissent parfois. Comme la remarque d'un gardien. « Les blondes et les bougnoules, ça va pas ensemble », lui balance-t-il un jour.

« Je suis tellement estomaquée que je ne rétorque pas et lui souris. Je ne veux pas m'attirer d'ennuis, car cet homme, vu sa position, peut nous nuire et je trouve que c'est une réaction plus intelligente que l'énervement. Celles qui se sont rebellées en ont payé les frais : parloirs déplacés sans en être averties, fouilles intempestives, retard de courrier, etc. »

Les revers d'une vie de femme de détenu, rendue toutefois moins difficile grâce aux permissions de sortie régulièrement accordées à Ismaël, environ une tous les trois mois. D'ailleurs la seconde approche à grands pas, mais il s'agit d'abord, pour la jeune femme, d'annoncer à ses parents qu'elle fréquente Ismaël.

C'est à l'occasion d'une fin de journée, alors que sa famille est réunie dans la cuisine, qu'elle se lance : « Papa, maman, depuis quelques semaines, quand je vous dis que je suis à la bibliothèque ou avec mes copains, en fait, je suis avec Ismaël au parloir de la prison, et nous nous aimons. » « Ils sont surpris, même estomaqués, et me regardent étrangement. »

« Bon… Tu fais attention à toi ? questionne simplement son père.

– Oui, toujours, répond-elle, rassurante.

– Mais où est cette prison ? Comment tu t'y rends ? questionne sa mère, angoissée. Les autres détenus savent que tu as été jurée ? Ça peut être dangereux, ils ne vont pas vouloir se venger ? »

Des inquiétudes légitimes qu'Hélène apaise rapidement. « Mes parents, mon frère et ma sœur me connaissent bien et savent que je ne fais rien sur un coup de tête. Ils me font confiance. J'ai eu de la chance que cette relation ne me coupe pas d'eux. Je sais que ce n'est pas le cas de tout le monde. »

Un mois plus tard, en juin 2007, le détenu est à nouveau dehors, cette fois-ci pour quatre jours. L'occasion de franchir un pas de plus dans leur relation. « Je lui ai proposé de venir déjeuner chez mes parents avec son petit garçon de 8 ans puisqu'il en avait la garde ces jours-ci. Ma famille est impatiente de faire sa connaissance et j'ai très envie de le leur présenter officiellement. »

La rencontre se passe au mieux, selon Hélène, et Ismaël est vite intégré à la famille.

« Ma mère le presse de questions, elle veut savoir comment il occupe ses journées, quelle relation il entretient avec les autres détenus, etc. Elle n'a une représentation de la prison qu'à travers ce qu'on en voit à la télévision, donc ses interrogations sont légitimes. Mon père, un peu taquin comme à son habitude, plaisante avec Ismaël. Je suis entourée de tous ceux que j'aime. Tout s'imbrique parfaitement. Le lendemain, nous assistons au match de football de l'équipe de mon frère tous ensemble. Nous mangeons des saucisses-frites dans les gradins tout en encourageant les équipes, nous jouons avec le fils d'Ismaël, comme une vraie famille. Mes parents ont immortalisé ces instants heureux en photos. Des clichés que je conserve précieusement. »

Désormais une routine « train, boulot, parloir, dodo » s'installe pour la jeune femme qui a tous ses repères en détention.

« Trois fois par semaine, je prends le train, croise les mêmes contrôleurs qui, à force, m'appellent par mon prénom. Puis à l'arrivée, je grimpe la montée qui mène au centre, monte les douze marches qui me conduisent à la deuxième porte, salue les surveillants, leur tend mon permis, glisse mes affaires dans le casier, passe au détecteur de métaux. Ensuite, je pénètre dans le parloir et m'assois à la table près des fenêtres, toujours la même, loin des surveillants qui prennent place sur une petite estrade juste à côté des machines à café. Et on discute, on rit, on s'embrasse pendant une heure. Ça passe vite, une heure de bonheur. »

Dehors, malgré une vie bien remplie et épanouie, la présence d'Ismaël lui manque constamment. « Je regarde avec envie dans les rues les couples qui se promènent, je les vois s'embrasser. J'ai parfois un sentiment de gâchis de ne pas être avec lui dehors. Chaque jour, à 14 h 45, immuablement, je pense à la prochaine fois que je serai dans ses bras, toujours à la même heure. »

Prête à une nouvelle vie avec Ismaël, Hélène quitte la maison familiale et emménage dans un appartement dans une banlieue cossue de Strasbourg. Un nid douillet dans lequel elle a hâte d'accueillir son prisonnier à sa sortie.

Mais malgré un avenir qui s'annonce alors des plus optimistes et réjouissants, un jour de novembre 2007, Ismaël écrit à Hélène : « Il serait préférable qu'on en reste là. C'est trop, je n'arrive pas à gérer. »

Effondrée et surprise, elle ne veut y croire. Contre l'avis du détenu, elle se rend au parloir suivant comme d'habitude pour discuter, crever l'abcès.

« À l'approche de Noël, il a eu une sorte de crise existentielle et des angoisses qui l'ont fait douter. Il a eu très peur de reproduire le même schéma qu'avec son ex-compagne. Il s'est dit que c'était voué à l'échec entre nous à cause de nos différences culturelles et qu'il ne voulait plus souffrir d'une autre rupture avec son fils qui s'était beaucoup attaché à moi. Mais sa réaction m'a blessée, car je faisais tout pour arranger les choses, faire l'intermédiaire entre lui et son ex-compagne, être conciliante et je trouvais injuste sa réaction vis-à-vis de moi. »

Mais la jeune femme, sûre de ses sentiments, adopte un discours rassurant avec lui. Avec patience, elle parvient à diminuer ses craintes, le convaincre de son engagement ferme auprès de lui. Les choses rentrent dans l'ordre rapidement et pour un long moment.

*

* *

Agnès

Derrière les murs de la centrale, la surveillante s'apprête, elle aussi, à vivre une longue période faite d'attente, d'absence et de manque.

En 2011, presque un an après son coup de cœur pour Gabriel, des soupçons commencent à peser sur leur relation. Le détenu est alors convoqué par deux surveillants qui l'interrogent :

« Des bruits circulent, vous auriez une aventure avec une surveillante. Que se passe-t-il entre vous ?

– Rien, rétorque le détenu, impassible.

– Je ne sais même pas pourquoi je vous pose la question. Vous ne me direz jamais la vérité. »

Gabriel se lève et quitte le bureau du chef de détention[2], sans un mot supplémentaire.

2. Il est garant de la sécurité des détenus, du personnel, mais aussi des biens de l'administration pénitentiaire et veille à la bonne application des règles de la détention.

« Cette suspicion rend la situation vraiment dangereuse. Il me propose alors de demander son transfert dans un autre établissement pour me protéger. C'est une immense preuve d'amour, d'autant qu'il s'éloigne aussi de sa famille. Mais c'est également un déchirement. »

Prétextant vouloir suivre une formation en maçonnerie qui n'est pas dispensée sur place, il soumet sa demande au service pénitentiaire. Elle est rapidement approuvée et le détenu envoyé dans une prison proposant ce cursus, à plus de quatre cents kilomètres de la surveillante…

Agnès l'apprend brusquement, sans avoir eu le temps de lui dire au revoir.

« Nous sommes vendredi après-midi, je suis sur le point de partir et lui sait qu'il doit quitter la prison dès le lundi matin. Il n'y a qu'une solution pour m'avertir, c'est de me l'annoncer devant tout le monde, comme il le fait avec les autres gardiens. »

« Hé surveillante ! la hèle-t-il. Ça y est, j'ai obtenu mon transfert, je pars lundi.

– Ah, c'est bien pour vous, bonne continuation ! » lui lance Agnès, mal à l'aise.

« Respire, ne pleure pas ; respire, ne pleure pas ; respire… ne pleure pas », s'encourage Agnès intérieurement. « Je joue le jeu, parais un peu indifférente, mais au fond de moi, c'est un crève-cœur. Comment est-ce que j'allais supporter de ne plus le voir chaque jour ? Et même de ne plus le voir pendant plusieurs mois ? »

Compte tenu du statut d'Agnès, il paraît trop risqué de visiter Gabriel dans son nouvel établissement, même éloigné, alors qu'elle travaille encore pour l'administration pénitentiaire. Quelqu'un pourrait le découvrir et elle perdrait son emploi. « Je suis mère célibataire, je ne peux compter ni sur ma famille, ni sur le père de mon fils, absent depuis longtemps, pour m'aider. Et je ne veux pas partir dans ces conditions, j'aime mon métier et j'ai de très bons états de service. »

Elle met alors activement en place une stratégie pour revoir son compagnon au plus vite. « Je serai là auprès de toi le jour de la fête des pères », lui promet-elle.

En attendant, elle demande un congé pour se former à un autre métier et se prépare psychologiquement à vivre plusieurs mois en solitaire. « C'est le début d'un long décompte avant de le retrouver. Je sais qu'il y aura des moments difficiles, l'absence à gérer, le manque. Une fois de plus, je prends sur moi, active le mode "action" et avance sans trop réfléchir », se conditionne Agnès.

Inévitablement, certains soirs chez elle, elle s'effondre. « C'est compliqué dans la journée de ne plus le croiser au détour d'un couloir ou dans mon bureau. J'avais cette chance de le voir au quotidien, un petit moment magique qui éclairait ma journée. Alors en rentrant chez moi, j'ai parfois des moments douloureux à passer », confie-t-elle avec pudeur.

Pendant quelques jours, loin de son bureau, des geôles et des trousseaux de clés, alors qu'elle pourrait prendre de la distance avec sa situation, elle ne parvient pas à profiter pleinement de ses vacances. « Pour moi, c'est une des périodes les plus difficiles à vivre, quand je vois des couples ensemble qui partagent de bons moments. J'aimerais qu'il soit là, avec moi et mon garçon. »

« Tu me manques, mon chéri. Ça y est, les petites vacances en Bretagne sont terminées. Il me tarde qu'on se retrouve enfin tous les trois », lui écrit-elle.

Durant plus d'un an, leur amour perdure uniquement grâce à leurs écrits et aux appels réguliers de Gabriel.

« J'ai souscrit un abonnement téléphonique sur un portable au nom d'une amie pour ne pas nous faire repérer. Lui m'appelle de la cabine de la prison, donc pas toujours à des heures très pratiques pour moi. Parfois, il m'arrive de courir dehors pour pouvoir décrocher et lui parler en toute tranquillité. Il faut savoir jongler. »

Des appels lourdement facturés dont les amoureux n'abusent pas. « On s'appelle deux à trois fois par semaine. C'est vraiment un plus, on partage principalement notre quotidien à tous les deux, car on se sait écoutés. Nos sentiments, nos mots d'amour, on les réserve pour nos lettres. »

Plus longues et plus tendres encore, elles parviennent à la jeune femme via la boîte aux lettres du même alibi que celui du téléphone, la meilleure amie d'Agnès. « En plaisantant, elle me dit que le facteur la regarde d'un drôle d'air, quand il lui tend les enveloppes parsemées de petits cœurs, sachant qu'elle est mariée ! »

Chaque week-end, Agnès récupère donc les mots doux de Gabriel chez sa complice de toujours.

« C'est long et difficile d'attendre, mais je n'ai pas le choix. Quand je les ouvre à la maison, c'est Noël ! »

Gabriel n'est pas seulement présent à travers quelques mots d'amour, il l'est aussi chez elle, et tout près d'elle. Dans son salon, elle a fait encadrer quelques photos de lui qu'elle regarde chaque jour. Une façon de l'intégrer à son quotidien malgré son absence.

Et puis elle conserve sur elle un morceau d'un T-shirt imprégné de son odeur qu'il lui a fait parvenir. « Un bout de tissu bleu » qui la réconforte lorsqu'il lui manque.

En retour, elle lui fait envoyer des vêtements à son goût : « Short, sweat-shirt et bonnet rasta aux couleurs de la Jamaïque. »

Contre toute attente, l'adage « loin des yeux, loin du cœur » ne s'applique pas au couple, plus fusionnel à chaque jour qui passe.

« La distance renforce nos liens alors qu'elle aurait pu tout autant nous éloigner. Mais l'objectif que je me suis fixé m'aide à tenir le cap et nous nous aimons, tout simplement. D'un amour pur et sincère. Nous n'avons pas, à ce stade, eu de relation intime, à peine un bisou à la dérobée, mais ça me convient. Le sexe ne me manque pas. Je pense que je me suis conditionnée et ses mots me suffisent », confie Agnès qui décrit volontiers leur histoire comme romantique, un brin fleur bleue.

Dans la même lignée, au printemps 2012, alors même que le couple ne s'est pas vu depuis une année, tous les deux éprouvent le même désir de franchir un cap.

« Après tout ce que nous avons déjà vécu, notre relation est à l'évidence solide. La prison n'est pas un frein à notre amour, il y a seulement des murs entre nous, et un jour, Gabriel sera de l'autre côté avec moi. Je suis prête à l'attendre des années, car depuis le début, j'accepte et assume la situation. À ce moment de notre histoire, nous avons donc tous les deux envie de continuer et même de nous marier ! »

Très rapidement, Agnès s'occupe de déposer une demande à la mairie du lieu de détention de Gabriel et auprès des services pénitentiaires, seules formalités nécessaires à la célébration d'une union en détention. En seulement un mois, la cérémonie est organisée, les témoins conviés et les autorisations délivrées.

Mais alors que se profile ce jour si spécial et heureux, des évènements inattendus viennent contrarier le couple déjà éprouvé par la distance…

*
* *

Chloé

Entre Chloé et Loïc, la distance du cœur n'est plus.

En novembre 2007, dix-huit mois après leur rencontre, l'ex-professeure bénévole quitte la colocation qu'elle occupait avec le père de son enfant pour vivre pleinement et sans culpabilité sa relation avec son détenu. Désormais affranchie d'une double vie malaisée, elle espère rebâtir les bases solides d'une nouvelle et prometteuse romance.

Chaque fin de semaine, durant deux petites heures, elle est toute à Loïc. Si un jour férié prolonge le week-end, elle loge sur place pour bénéficier d'un double parloir exceptionnel. Et le soir, dans sa chambre d'hôte, c'est encore avec son « amoureux » qu'elle discute par téléphone via le portable qu'il a dégoté et grâce au forfait qu'elle a souscrit. Entre eux, le lien est fusionnel, presque cadenassant, emprisonnant. Au parloir, ils sont aussi très liés physiquement : « On ne se lâchait jamais, nous étions toujours dans les bras l'un de l'autre, confirme Chloé. J'étais subjuguée par cet homme, par l'intensité de son regard, le bleu-vert de ses yeux en amande. »

La fin de parloir est souvent ponctuée par un échange de lettres trop intimes pour être envoyées par courrier, car forcément relues par le wagmestre[3].

Le reste du temps, chacun, d'un côté du mur, vaque à ses occupations avec toujours en pensée le visage, la voix, l'odeur de l'autre. Les jours de grand froid, elle enroule l'écharpe rayée de bleu marine et de gris de Loïc autour de son cou. En cellule, le soir, lui enserre un T-shirt imprégné du parfum de sa compagne.

En semaine, Chloé dépose chez sa nounou son garçonnet dont elle a la garde, puis emprunte le trajet de son travail. Sur la route, son compagnon l'appelle toujours. Puis elle accompagne ensuite ses patients autistes durant la journée. Au retour, elle revêt sa casquette de maman, récupère son enfant, le baigne, le nourrit et le borde. L'amante réapparaît alors pour un autre appel de la prison, souvent tardif.

« Dans ce schéma, je n'ai pas de temps pour moi. Il est rare que je sorte avec des amis ou parte en week-end. Je vois ma famille très régulièrement, c'est ma seule distraction », constate la jeune femme, heureuse malgré tout.

En prison, la vie débute dès 6 h 30 par la ronde des surveillants, à travers l'œilleton de chaque cellule, ils vérifient que les détenus se portent bien. Puis l'ouverture des portes s'effectue une heure plus tard. Après le petit déjeuner et la douche réglementaire, Loïc rejoint l'atelier de reconditionnement dans lequel il est manutentionnaire. Une

3. Cet agent de la prison lit tous les courriers à destination des détenus pour s'assurer que rien d'illicite ne pénètre par voie postale (argent liquide, photos illégales, drogue, cartes SIM, etc.) et transmet si nécessaire certains d'entre eux au juge d'instruction chargé de l'affaire du détenu s'il n'est pas encore jugé.

façon d'occuper son temps et gagner quelques centaines d'euros pour cantiner. L'après-midi est consacrée au sport, dans une salle prévue à cet effet ou dans la cour de promenade. Une activité essentielle pour Loïc comme pour de nombreux détenus.

« Il avait créé un groupe et mis en place un coaching personnalisé. Il prenait son rôle très au sérieux et avait étudié la récupération de chaque muscle, les temps de repos nécessaires, etc. », explique fièrement Chloé qui, à ce moment, vit une période d'exaltation et de bonheur, parfois teintée de stress et de solitude.

« Loïc me manque. Je ne suis pas encore prête à revivre avec un homme depuis ma récente séparation avec le père de mon fils, mais j'aimerais partager des choses à l'extérieur avec lui. Or, nous ne vivons rien en commun, nous ne partageons rien et j'ai le sentiment que l'on ne construit pas véritablement », regrette-t-elle.

Par moments, le doute l'étreint encore et s'immisce dans ses divagations amoureuses. « Durant l'heure de trajet qui me sépare du centre de détention, dans la voiture, je me dis par moments : “Mais qu'est-ce que tu fais ? Dans quoi tu t'es embarquée ?” Puis rapidement, les sentiments me rattrapent et je suis impatiente d'arriver au plus vite pour le prendre dans mes bras. »

Au fur et à mesure de ses visites, elle en apprend davantage sur le prisonnier qu'elle fréquente depuis peu.

« C'est un homme solitaire qui a une image biaisée et négative des femmes. Avant moi, il a eu peu de relations et avec des compagnes qui l'ont déçu. C'est pourquoi la nôtre reste importante à ses yeux. Je découvre aussi son intérêt pour les mangas qu'il emprunte à la bibliothèque de la prison et d'où provient son surnom – Zack, un héros de l'un de ces livres –, les ouvrages de science concernant l'univers et son goût pour le rap, musique plutôt populaire en détention. »

Elle constate, par ailleurs, que l'homme jovial, blagueur, y compris avec les matons, s'est peu à peu endurci.

« En maison d'arrêt, il était plus détendu, car tout le monde est au même niveau, dans l'attente d'un procès ou en transit. Là, en centre de détention, ce sont des cas plus lourds et définitivement jugés, il faut donc s'imposer, faire son trou parce qu'on y est pour un moment. Je lui fais la remarque. Il me répond : “Je n'ai pas le choix, tu ne sais pas comment ça se passe, ici.” »

Mais avec Chloé, l'homme demeure doux, aimant, « Je n'ai que toi », lui dit-il à plusieurs reprises. Il n'a, en effet, quasiment aucune visite de sa famille.

En parfaite femme de détenu, elle calque son emploi du temps sur les obligations et contraintes de son compagnon.

« Une femme de prisonnier, c'est une femme qui attend et s'adapte, résume-t-elle. Elle attend qu'il appelle, elle attend ses courriers, elle attend qu'il sorte. Alors je me rends disponible à chaque fois qu'il peut me téléphoner, je sors peu pour ne pas manquer un appel le soir, mais aussi pour ne pas culpabiliser et lui faire envie alors que lui est enfermé. J'organise aussi mes vacances du lundi au vendredi pour ne louper aucun parloir. Lorsque mon fils est avec moi, un week-end sur deux, je le fais garder le samedi matin pour pouvoir me rendre auprès de Loïc. Des allers-retours qui engendrent des frais, mais il y participe à hauteur de 120 euros par mois grâce à sa solde. »

Elle s'occupe également de laver et repasser le linge de son compagnon, le vaporise de son parfum, « Hypnôse », fragrance au nom évocateur et sans doute efficace, tant Loïc est amoureux.

Elle l'aide aussi à rédiger des courriers aux différentes instances carcérales pour toute demande de Loïc.

Une vie dehors assujettie aux contraintes pénitentiaires qu'elle accepte, dans l'attente de moments de liberté à deux. « Je vis un peu enfermée, centrée sur lui et notre histoire, mais je ne m'en rends pas forcément compte sur le moment et puis je suis très amoureuse, je fais donc ce qu'il faut en attendant qu'il sorte et que l'on puisse être libre. J'y crois. »

Chloé vit aussi avec le poids du secret, celui de cet amour clandestin qu'elle n'a pas ébruité : « Personne ne sait qui je fréquente, ni le père de mon enfant, ni ma famille. Seule une très bonne amie, bénévole à l'association Genepi, écoute mes confidences. Je ne veux pas qu'on me juge – mes proches ont une mauvaise image de la prison – et je ne veux surtout pas qu'on me retire mon enfant au prétexte que je serais folle de m'attacher à un criminel. Ça serait la pire chose qui puisse m'arriver. »

Pour ne pas être démasquée, elle s'invente des occupations, des alibis auprès de ses amis et proches, qui se questionnent, par ailleurs, sur son statut de célibataire, et camoufle les photos de Loïc dans une petite boîte à l'abri des regards.

« J'ai en quelque sorte deux vies. Pour refuser les propositions de sortie de mes amis et les invitations familiales, je dis aux uns que je donne encore des cours à des détenus, y compris les week-ends. Aux autres, je suis au cinéma ou restaurant avec des copines. Je m'entends très bien avec ma mère et ça me fend le cœur de devoir lui mentir, mais c'est mieux ainsi, pour moi comme pour elle. Pour la préserver. Aujourd'hui encore, elle ne sait pas… »

Tant qu'elle n'aura la certitude qu'entre eux, tout est possible dehors, elle garde son secret. « J'ignore quel sera son comportement à l'extérieur, je ne sais pas quoi attendre d'un homme incarcéré depuis déjà cinq ans, mais ma seule envie est que l'on puisse partager de tendres et de bons moments dehors. »

Un souhait très prochainement exaucé puisque l'homme de 26 ans prépare sa première permission de sortie, cinq années après son incarcération. Chloé est alors chargée de l'organiser au mieux, notamment en se portant garant pour lui et proposant de le loger dans son appartement le temps de sa sortie.

Une enquête d'hébergement[4] est alors diligentée et elle est convoquée à la gendarmerie où un véritable interrogatoire l'attend :

« Vous êtes sûre de vouloir l'accueillir chez vous ? Vous avez une bonne situation, stable, et vous êtes mère de famille…

– Je sais qui il est et je sais bien ce qu'il a fait, je sais ce que je fais.

– Ces gars sont forts pour manipuler les jeunes femmes comme vous. Faites attention. »

Avec joie et espoir, Chloé attend impatiemment de passer ses premières heures à l'extérieur avec le détenu.

4. L'enquête hébergement consiste à vérifier que la personne est bien d'accord pour accueillir le détenu, que son logement est adapté à une surveillance électronique, si des enfants vivent au domicile, etc.

Cependant, tout ne va pas vraiment se passer comme elle l'imaginait.

*
* *

Sigrid

Jusqu'à présent, la jeune Danoise d'adoption n'avait, pour sa part, rien prévu de ce qu'elle vit dorénavant avec son correspondant américain.

Officiellement « en couple », après leur première rencontre dans le couloir de la mort, Sigrid et Alan poursuivent leurs échanges de courrier journalier chacun d'un côté de l'Atlantique. Pour signifier indirectement à ses amis et son entourage qu'elle est en couple, sans avoir à affronter leur regard et leur réaction, la jeune femme poste sur sa page Facebook une photo d'elle et Alan en détention. Sur le cliché en noir et blanc, ils affichent une timide proximité et un discret sourire. En légende, Sigrid écrit un message succinct et volontairement imprécis : « Ce voyage a été déterminant pour moi. Alan est quelqu'un d'exceptionnel et d'assez particulier pour moi. »

« Je ne voulais pas dire clairement que je l'aimais, car je voulais rester sur mon petit nuage, ne pas gâcher mon enthousiasme par d'éventuelles critiques ou remarques outrées de mes proches. »

Loin de lui, l'attente avant son prochain départ est longue, mais supportable grâce à cette perspective et aux fervents courriers maintenant l'ardente flamme entre eux. « Nous avançons progressivement dans cette histoire dont on ne sait où elle va nous mener. Je suis heureuse d'être avec lui et je ne ressens pas véritablement de manque, car il est très présent, à l'écrit et dans mes pensées, mon quotidien. »

À ce stade, Sigrid n'a aucunement l'intention de quitter le Danemark, où elle souhaite s'installer durablement.

« Je cherche du travail dans tous les secteurs possibles avec mon niveau de danois, un peu limité. Je consulte les annonces sur Internet et dans les journaux. Mais c'est effrayant à quel point il y a peu de postes et de nombreux candidats. Pour un job de femme de ménage auquel j'avais postulé, plus de trois cent quarante personnes s'étaient proposées. Donc c'était très compliqué et mes chances s'amenuisaient en même temps que je venais à bout de mes économies. »

Des problématiques à l'opposé de celles d'Alan, immatriculé sous le numéro J35401 au centre pénitentiaire de Raiford en Floride. Son quotidien à lui, ce sont les barreaux, l'uniforme orange, les alarmes d'ouverture des portes et deux fois trois heures de sortie par semaine en dehors de sa cellule de cinq mètres carrés. À l'intérieur, les murs doivent rester nus, aucune photo, ni dessin autorisé. Il dispose de deux cantines métalliques pour stocker toutes ses affaires personnelles (vêtements, livres, etc.). Entre ces quatre murs, il s'occupe. Il dessine, construit des miniatures en papier et bâtonnets de bois, chante du death metal, lit des ouvrages scientifiques et philosophiques, regarde la télévision – des vieux films des années quatre-vingts quand ils sont diffusés, ainsi que des documentaires consacrés à la création de l'univers et ses mystères. Et, bien entendu, il écrit à sa correspondante privilégiée !

Malgré cette vie singulière et morne, Alan reste optimiste. « La résilience prend tout son sens dans ces conditions. Pour lui, comme pour d'autres, il est habitué à vivre avec cette peine de mort qui plane au-dessus de sa tête. Il se consacre à l'instant présent, comme les bouddhistes. Sinon, il deviendrait dingue. Certains le sont », précise Sigrid.

À l'approche de sa prochaine visite à son compagnon, la jeune femme informe plus précisément sa famille, surtout sa mère, de sa relation.

« Mes proches savaient seulement qu'Alan était mon correspondant, et qu'il était incarcéré pour cambriolage et meurtre. Je n'étais pas entrée dans le détail de sa condamnation, j'avais notamment passé sous silence que les victimes, un couple de retraités, avaient été enterrées vivantes. Mais étant donné que j'étais partie à sa rencontre à Noël, ma famille se doutait qu'il se nouait quelque chose entre nous, puisque je n'étais jamais allée visiter mon premier correspondant. Je pense que ma mère sentait arriver ce que j'allais lui révéler. »

Via Skype, lors d'une conversation anodine, la mère de Sigrid, en France, s'inquiète alors du célibat de sa fille.

« Est-ce que tu sors un peu ? N'y aurait-il pas un beau Danois que tu pourrais rencontrer ?

– Non maman, ça ne m'intéresse pas. Tu sais, je suis avec Alan et je veux être avec lui.

– Mais il est quand même en prison et condamné à la peine de mort… »

Quelques jours plus tard, alors que la jeune femme décide à regret de retourner vivre en France, sa mère renouvelle ses inquiétudes. « Si tu connaissais Alan, tu arrêterais de me parler d'autres hommes. Si tu veux, tu pourrais m'accompagner et tu comprendrais pourquoi je suis avec lui. »

En mai 2015, presque six mois après son premier voyage aux États-Unis, Sigrid en effectue un second, cette fois-ci accompagnée de sa mère. « Je comprenais qu'elle tente de me dissuader d'être en couple avec Alan au vu de sa situation, ce n'était pas ce qu'elle souhaitait pour sa fille. Mais quand elle a compris que je ne l'abandonnerais pas, elle a voulu le rencontrer pour se faire une idée, mais surtout se rassurer. Elle voyait que j'étais attachée à lui. »

Pour lui être agréable et sûrement se faire apprécier, le jeune homme accueille la mère de famille en français. « Bonjour Madame, est-ce que le voyage s'est bien passé ? Comment allez-vous ? » s'essaie-t-il.

« Dès ce premier parloir, elle l'a adoré. Elle l'a trouvé gentil, attentionné avec moi, charmant et très beau ! Et elle a vraiment apprécié l'effort d'avoir appris quelques mots de français. Elle ne m'avait jamais vu aussi heureuse, ça l'a rassurée. »

Probablement encouragé par l'adoubement de sa belle-mère, la veille de leur dernier parloir, Alan entoure affectueusement les mains de Sigrid et se lance :

« Sigrid, je n'ai jamais rencontré quelqu'un comme toi, tu es devenue la personne la plus importante de ma vie. Tu me rends tellement heureux, je ne savais pas que je pouvais aimer à ce point. Même si l'on se voit peu, je voudrais que l'on soit officiellement mari et femme. Est-ce que tu veux bien m'épouser ?

– *Really ?*, s'étonne-t-elle, le souffle coupé.

– *Yes, of course !*

– *I love you, so yes !* »

En guise d'alliance provisoire, le prisonnier glisse une bague tressée avec du fil de broderie à l'annulaire de sa future épouse.

Aucune date n'est alors fixée, le couple imaginant vivre son histoire à distance au rythme de deux séjours par an et d'un foisonnement de lettres. Mais après cette demande inattendue, le manque se fait rude, mordant. Sigrid envisage ainsi une installation au plus près de son futur mari. Elle consulte un avocat qui leur conseille de s'unir rapidement pour obtenir un visa d'époux, permettant à la jeune femme de travailler sur le territoire américain dès son installation plutôt que d'attendre sur place un délai d'environ un an, temps nécessaire à l'étude d'un dossier de demande de visa hors mariage, sans ressource.

« Cela a un peu précipité les choses, mais nous étions ravis. Pour annoncer la bonne nouvelle à mon entourage et aussi les prévenir que nous ne pourrions les inviter à la cérémonie, puisqu'elle aurait lieu aux États-Unis et en prison, je leur ai adressé un faire-part avec mon futur nom d'épouse, celui d'Alan donc. Jusqu'à présent, je ne l'avais pas communiqué pour éviter que les gens se rendent sur Internet et lisent les articles des tabloïds américains à son sujet, et ça n'a pas loupé ! Parmi les soixante amis et proches que j'avais prévenus, seuls quatre m'ont répondu. Les autres m'ont tourné le dos. Ma sœur et mon frère n'ont guère sauté de joie non plus, pensant que je gâchais ma vie. »

Sigrid encaisse le coup, et comprend que le cas d'Alan ne fera jamais l'unanimité, ou plutôt qu'il la fera contre lui. Si elle veut poursuivre sa relation avec lui, elle devra s'endurcir…

Elle-même a lu ces articles de presse, mais ne veut pas croire à l'implication d'Alan dans la mort atroce de ce couple de retraités à la santé fragile, enlevés, menacés pour obtenir leur code de carte bancaire, puis entravés et abandonnés vivants dans une tombe creusée deux jours plus tôt. Elle a la conviction qu'il n'est pas le monstre que l'on décrit.

Sans même avoir abordé les faits avec lui, elle accepte de l'épouser. « Jusque-là, je n'ai posé aucune question à Alan. La première fois, je n'osais pas, c'était trop tôt. Je n'étais pas à l'aise. La fois suivante, je ne voulais pas compromettre sa procédure d'appel. S'il m'avait fait des révélations de quelque nature que ce soit, on aurait pu me forcer à témoigner à son audience. » Une fois mariés, ce n'est plus possible, car les époux sont solidaires entre eux et ne peuvent se dénoncer.

« De toute façon, je savais au fond de moi que sa participation n'était pas celle décrite dans les journaux. Et Alan avait fait des allusions rassurantes, notamment une : "Je ne ferais jamais de mal à une femme." J'ai compris qu'il parlait de son affaire et que c'était sa façon de me dire qu'il n'avait pas tué, ni enterré ces gens. »

Malgré ces précautions, la demande en appel du condamné à mort pour un nouveau procès est rejetée. Reste alors peu de possibilités au détenu. Seule celle d'une commutation de sa peine actuelle en prison à vie paraît encore possible. « Au début, il est arrivé que l'on se projette ensemble, mais j'ai vite arrêté. C'était du fantasme, donc je n'ai pas vraiment imaginé vivre un jour avec lui, mais cette nouvelle est tout de même une déception. »

À cette nouvelle vie si particulière qui s'offre à elle, Sigrid ne voit qu'une profonde envie de s'unir et d'être auprès de son mari. Elle s'apprête alors à épouser aussi l'Amérique, ses lois, ses coutumes, sa culture et, bien malgré elle, son couloir de la mort.

*
* *

Laure

À la maison d'arrêt de Moulins-Yzeure, dans d'autres couloirs, le couple clandestin formé par la surveillante brune aux longs cheveux et son amant grec continue de s'aimer.

Leur romance est toujours aussi exaltante, attisée par l'interdit et le risque, certes calculé, mais tout de même présent, d'être démasqués.

Outre les moments de tendresse qu'ils parviennent à s'accorder discrètement en détention, Laure et Christos s'appellent régulièrement. « C'était très intense et interdit. Ça rendait les choses encore plus exaltantes », confirme-t-elle. Jamais elle n'a connu pareille passion et s'y adonne chaque jour un peu plus.

Christos, tendre et affectueux avec sa surveillante, a néanmoins l'idée fixe de s'évader au plus vite.

Condamné en France à quinze ans de réclusion pour de multiples cambriolages avec violence, il n'a aucune intention de les faire. L'idée de fausser compagnie au personnel pénitentiaire ne l'effraie en rien. Et pour cause, il s'est déjà prêté à l'exercice à quatre reprises. La dernière fois, c'était en 2004 à la maison d'arrêt et de peine de Nivelles en Belgique, alors qu'il purgeait une peine de dix ans de prison pour un juteux braquage et un enlèvement musclé.

Grâce à une échelle de corde lancée par des complices, il était parvenu à escalader le mur d'enceinte haut de huit mètres et, de l'autre côté, il s'était engouffré dans une voiture conduite par un complice. Un premier projet est alors envisagé, puis il capote. « Des amis à lui qui devaient s'en charger, mais ils se sont désistés. »

Déçu, frustré, il ressasse ses idées à la gardienne : il doit sortir pour qu'ils puissent vivre leur amour dehors. « Depuis ce premier échec, c'est devenu obsessionnel. Il m'en parlait tous les jours. » Obnubilé par l'envie de liberté, l'obsession du détenu grandit, autant que la pression qu'il exerce sur Laure pour tenter de la convaincre de le faire sortir. « Je ne voulais plus qu'il me parle de ça. Alors, avec mon aide, il a mis en place un plan d'évasion… »

Sans mesurer le danger et le risque d'un tel projet, Laure accepte d'exfiltrer son compagnon, à ses risques et périls…

Chapitre V
Sauter le pas…

Sonia

« Tu es magnifique…, la complimente Nathanaël.

– Toi aussi, mon amour », renchérit l'ex-surveillante, toute de blanc vêtue.

Si le détenu et sa compagne se montrent si émus et élogieux l'un envers l'autre, c'est qu'il se trame un événement peu habituel à la maison centrale d'Ensisheim, ce 4 septembre 2009. Sonia et son compagnon s'apprêtent en effet à s'unir, dix-huit mois après leur rencontre en détention. Dans la salle de parloir dans laquelle elle vient de faire son entrée et où la cérémonie doit être célébrée, les futurs époux se découvrent. Costume gris perle, chemise blanche sans cravate – interdite en prison – et derbys noirs en daim pour le futur marié. Longue robe bohème en lin et liserés en dentelle, à petits volants sur les épaules, pour elle. Quelques boutons de fleurs blanches parsèment sa chevelure auburn agrémentée de quelques rajouts bouclés. Ses yeux de biche surlignés de crayon noir ne quittent pas son futur époux. Au milieu des tables destinées aux familles de détenus, tout près du distributeur de boissons, devant l'édile et leur dizaine d'invités, le couple s'échange les alliances – deux anneaux d'or blanc portant gravure de leurs prénoms apposés à la date de la cérémonie – et officialise ainsi son amour.

« Je ne voulais plus voir le qualificatif de “petite amie” sur les documents officiels de la prison, c'était sérieux entre nous, je voulais être sa femme et reconnue comme telle. Je n'avais pas tout quitté pour être seulement sa petite copine », explique la mariée.

Une première étape avant une autre célébration, plus festive, à l'extérieur, espère le couple. « Je ne portais pas LA robe de mariée avec le tulle et le bustier, celle-là, je la réservais pour la “vraie” cérémonie, quand Nathanaël serait dehors. Pour moi, c'était un prémariage. »

Pour l'heure, une demi-journée de « festivités » leur est accordée dans l'enceinte de la prison. « Nous n'avons pas de champagne, ni de buffet puisque ce n'est pas permis, mais les détenus nous ont confectionné un beau gâteau, un fraisier sur deux étages. » Même si le traditionnel faste n'y est pas, Sonia resplendit. « Je suis heureuse et un peu ailleurs, comme flottant sur un nuage. »

Parmi les invités, les parents et grands-parents de Nathanaël, les témoins des deux mariés – un détenu et sa femme avec laquelle Sonia a tissé de profonds liens – quelques amis et le père de la mariée, ancien gardien de prison. « Il a toujours été d'un grand soutien et c'est très important pour moi. » L'homme se dit fier qu'elle assume ses choix, même s'il aurait préféré que son enfant s'épargne toutes les difficultés de vie de femme de détenu.

Ce jour-là, c'est la première fois qu'il voit son gendre, mais il s'est tout de même renseigné sur lui avant de lui céder la main de sa fille. « Il avait conservé un ami là où Nathanaël était incarcéré, un professeur de sport. Donc il a mené sa petite enquête et il a eu de bons retours, ça l'a rassuré », s'en amuse Sonia.

En aparté, avant la cérémonie, il glisse symboliquement au futur marié : « Ça me fera un fils de plus. » Une touchante attention que la surveillante n'a pas oubliée. Tout comme l'absence de sa mère.

Ses craintes à l'égard du statut de son gendre, qu'elle ne connaît pas, l'ont retenue chez elle. « Elle a trouvé un prétexte pour ne pas me le dire frontalement. On n'en a jamais vraiment parlé depuis. Ça m'a attristée, mais je ne lui en veux pas. »

Elle découvrira plus tard les moments forts de cette cérémonie et le ravissement de sa fille sur les photographies prises à chaque étape de cette matinée. À la découpe du gâteau, devant la fresque d'un paysage vallonné habillant l'un des murs du parloir, devant l'édile, Sonia affiche un immuable sourire béat. Sur la plupart des clichés, ses mains parfaitement manucurées enlacent celles, veineuses et puissantes, du détenu, scellant physiquement leur union, à peine six mois après leur premier baiser.

« C'est sûr que dans la vie dehors, on aurait attendu un peu plus longtemps pour se marier, admet-elle. Mais dans ce contexte, tout est différent, on vit les choses en accéléré, avec plus de passion, et on a d'autres contraintes. Notamment obtenir un rapprochement familial, et le mariage nous permet de demander ce transfert plus près de moi. »

Sept mois plus tard, Nathanaël est bien déplacé d'abord à Fresnes, puis à Poissy, en région parisienne où vit sa femme. Les parloirs sont alors plus fréquents, mais les conditions de visite bien moins intimes, obligeant les époux à s'adapter. « Les portes étant vitrées, j'apportais de grands sacs-poubelle opaques, un rouleau de scotch et on tapissait les vitres avec ça pour être un peu tranquilles. »

Au fil des mois, l'intensité de leurs sentiments ne faiblit pas, bien au contraire, puis un jour, Sonia offre une énigmatique petite boîte à son mari. À l'intérieur, un test de grossesse positif. « Je ne voulais pas attendre pour avoir un enfant, j'avais 34 ans et l'horloge biologique tournait. Ce bébé, on en rêvait. Il était fou de joie ! » Un timing parfait, puisque deux mois auparavant, Sonia avait emménagé dans leur nouvelle maison, avec l'aide financière de ses beaux-parents. Un douillet cocon pour abriter leur amour et la famille au complet une fois Nathanaël libéré, pense-t-elle.

À ses parents, elle annonce la réjouissante nouvelle, en leur offrant à chacun une chaussette rose et une chaussette bleue, ne connaissant pas alors le sexe du futur enfant. Émus et enthousiastes, tous les deux se montrent impatients d'accueillir le premier petit-enfant de la famille. Un avenir des plus radieux semble alors se profiler.

Pourtant les premiers doutes de Sonia concernant son mari commencent à poindre. « Nathanaël travaillait peu en détention, il n'était pas très investi et, par conséquent, il ne participait pas financièrement à la vie du ménage. Il ne versait pas non plus très régulièrement les dommages et intérêts, auxquels il avait été condamné, aux parties civiles. Je n'avais pas de doute sur ses sentiments et son envie de fonder une famille, mais son engagement général faisait un peu défaut et ça ne me rassurait pas sur notre avenir. »

La joie de la maternité efface temporairement ses craintes, exaltée par son futur rôle de mère. « Ma grossesse a été merveilleuse, j'aurais pu être mère porteuse tellement j'ai aimé cet état. Dès le troisième mois, j'avais déjà un ventre très arrondi, je voulais vraiment que ça se voie, j'étais fière de porter son enfant », confie-t-elle.

Certains moments s'avèrent néanmoins difficiles, l'absence lui pesant particulièrement aux étapes clés de sa grossesse. « Durant les rendez-vous médicaux, surtout pendant l'échographie révélant le sexe de notre enfant, j'étais seule, c'était un peu triste. J'aurais aimé que Nathanaël soit auprès de moi. Je partageais quand même tout cela avec lui par téléphone et lors des parloirs, et je le faisais participer autant que je le pouvais. »

À ceux qui lui demandent où est le papa, Sonia répond invariablement qu'il est en déplacement professionnel. « Je ne voulais pas m'étaler sur la situation de Nathanaël auprès de mes connaissances et prendre le risque d'être jugée ou rejetée. Ce n'est pas évident à assumer aux yeux des autres, d'autant plus quand on a été surveillante de prison. »

Le 10 mai 2012, une petite fille voit le jour, après un accouchement périlleux. Une épreuve que Sonia a affrontée seule, oscillant entre joie intense et angoisse.

« Nathanaël avait fait une demande de permission exceptionnelle, mais elle lui avait été refusée au prétexte qu'on ne pouvait pas monopoliser des gendarmes pour chaque accouchement. J'ai pu l'appeler avant d'entamer le travail pour l'avertir que notre enfant allait naître, mais tout ne s'est pas passé au mieux. Le cordon ombilical du bébé était enroulé deux fois autour de son cou. À sa naissance, il ne pleurait pas et a été emmené en réanimation sans que je puisse le voir. »

Heureusement, les joues de l'enfant rosissent vite et Sonia peut enfin sentir le petit corps chaud de son bébé tout contre elle. « C'était merveilleux et en même temps très dur d'avoir son enfant sur soi, sans que le papa partage ce moment. Dès cet instant, j'ai su que ma fille serait tout pour moi. Elle était un petit bout de mon mari, un petit bout de moi et je ferais tout pour son bonheur », se promet la jeune maman comblée.

Le retour à la maison s'effectue plus aisément que Sonia ne l'appréhendait. Autonome, fusionnelle avec son enfant, elle trouve ses marques auprès de ce petit être nouvellement arrivé dans sa vie.

« Je m'étais beaucoup renseignée, j'avais lu de nombreux ouvrages sur la maternité. Je dormais en même temps qu'elle pour me reposer, je l'allaitais, et je faisais du cododo. J'avais quelqu'un à côté de moi dans le lit, et elle ne se sentait pas seule non plus. J'étais aussi très entourée par ma famille, c'était essentiel. Pour moi, cette enfant était une vraie bouffée d'oxygène et de vie. »

La fin de son congé maternité sonne aussi le glas de cette période de béatitude.

« J'assume tout toute seule, ou presque. J'exerce trois boulots : factrice, nounou et vendeuse de parfum à domicile pour assurer le quotidien, payer le crédit de la maison et les factures, même si mes beaux-parents sont là si besoin. Je dois aussi allaiter mon enfant, m'occuper d'elle et me rendre au parloir toutes les semaines. C'est un rythme soutenu et très fatigant. Je tiens moralement grâce à ma fille, et je me fais aider psychologiquement. Nathanaël a aussi des coups de blues. Ça ne dure que deux jours, puis il retrouve le moral. Il a une grande force de caractère. »

La première rencontre entre le jeune père de famille et sa fille est un grand moment d'émotion pour eux. « Je lui ai mis tout de suite dans les bras, elle avait à peine dix jours. Il était très heureux et ému. Certains considèrent que c'est irresponsable de faire un enfant avec un papa en prison, mais seul l'amour qu'il reçoit compte, argue Sonia. Je lui en donne, son père aussi, même s'il n'est pas avec nous tous les jours. »

Le détenu s'investit, en effet, autant qu'il le peut dans cette paternité nouvelle et tente d'aider Sonia du mieux possible.

« Nathanaël est un papa impliqué. Il joue avec notre fille, la nourrit, la change. Les quatre premiers mois, elle dort sur son ventre. Je reste en retrait et les laisse profiter de ces moments toujours trop courts pendant lesquels ils sont si proches. Régulièrement, on se prend en photo pour garder des souvenirs tous les trois. Certains week-ends, nous avons accès à des appartements familiaux qui nous permettent d'être ensemble pendant près de quarante-huit heures. Mon mari me concocte des petits plats, il est attentionné avec nous. On est une vraie famille, comme les autres ou presque, même si c'est difficile de concilier intimité de couple et présence d'un enfant. Tout le monde connaît ça, mais lorsque l'on a que quelques heures par semaine ensemble, c'est d'autant plus compliqué », explique Sonia présageant quelques tensions à venir à ce sujet.

En effet, malgré une apparente harmonie, se profile le spectre d'un avenir assombri par le tempérament volcanique du détenu. Une facette de la personnalité de son époux que l'ancienne surveillante n'a pas vu ou voulu voir jusqu'à présent, et que la naissance de leur fille va lui révéler.

*

* *

Claudine

L'avenir de Claudine et Ronnie est aussi contrarié momentanément par la crise sanitaire, stoppant soudainement leur projet d'union qu'ils espéraient tant accomplir en cette année 2020.

Ces contrariétés ont entraîné chez Claudine des crises d'angoisse terribles, doublées d'un état dépressif qu'elle tente de juguler grâce à une thérapie et un traitement anxiolytique.

« J'utilise aussi des techniques comme l'hypnose, la méditation pour instaurer la sérénité et retrouver un apaisement, car je me sens vraiment très mal. J'ai l'impression de perdre l'esprit. Le manque de Ronnie qui n'est pas juste mon fiancé mais toute ma vie, la moitié de moi, quelqu'un sans qui je ne peux pas vivre, me fait plonger dans cet état préoccupant. »

Elle aurait alors pu songer à le quitter, tout annuler, et reprendre une existence plus paisible. Elle n'en fera rien. « Ronnie est de loin la plus belle chose qui me soit arrivée, et peu importe la difficulté de cette vie, il vaut tous les sacrifices du monde, et notre relation est d'un amour tellement pur, intense et très rare, que je n'ai jamais douté, pas même une seconde », affirme-t-elle.

En attendant de pouvoir procéder au mariage, il faut d'abord que les futurs époux divorcent. Ronnie régularise sa situation le 11 juin 2020. « C'est aussi la date de mon premier mariage, c'est assez ironique », remarque Claudine, dont le divorce sera prononcé le 1er juillet.

En France, où les administrations sont dorénavant rouvertes, elle entame les démarches pour regrouper les documents nécessaires à leur mariage, tout comme elle travaille à la mise en place de l'association commune[1] que le couple a créée en début d'année. Une entité œuvrant pour l'abolition de la peine de mort, en passant d'abord par l'amélioration des conditions de détention des condamnés à mort, le respect de leurs droits ; en conseillant, défendant certains d'entre eux, opprimés ; en interpellant les autorités compétentes, comme les sénateurs des différents États concernés.

« Un complément au combat de Ronnie depuis vingt ans via son blog, sur lequel il dénonce des cas concrets de violation des droits des prisonniers et des conditions légales de détention qui lui paraissent inhumaines. Ce combat donne un sens à sa présence en *death row* et le maintient intellectuellement tout en l'empêchant de devenir fou. Cette association, c'est notre bébé, un projet commun utile qui nous rapproche encore plus. »

Elle s'y investit alors beaucoup et intègre toujours un peu plus son futur époux dans sa vie, son quotidien et celui de ses enfants qui le nomment désormais « papa Ronnie ».

1. French Coalition Against the Death Penalty (FCADP).

« Pour eux, l'amoureux de la maman, c'est le papa, explicite Claudine. Et comme le leur est absent depuis notre rupture, Ronnie représente leur figure paternelle. Il prend ce rôle à cœur et le remplit formidablement. Il me donne son avis sur leur scolarité, leur évolution psychologique, il leur écrit, surtout à mon aîné qui est en classe bilingue et a donc des notions d'anglais. »

Mais la distance avec ce papa les questionne.

« On met une assiette à papa Ronnie ? demande un jour l'un d'eux en dressant la table.

– Non, il ne peut pas dîner avec nous, tu sais, tente de faire comprendre la mère de famille.

– Ah oui, c'est vrai, il est aux Amériques ! Mais quand est-ce qu'il viendra ici ?

– Il ne peut pas venir parce qu'il n'a pas le droit de sortir de là où il est.

– Pourquoi ?

– Parce qu'il a fait une grosse bêtise.

– Quelle bêtise ?

– Il devait colorier un dessin, mais il a dépassé du cadre, alors on l'a mis en prison », explique métaphoriquement Claudine, préférant réserver la dure réalité pour plus tard.

« C'est la seule façon que j'ai trouvée pour leur dire sans les choquer, surtout à ma dernière fille qui n'a que 3 ans. Je ne veux pas qu'ils sachent trop vite et banalisent la prison et la mort. »

Noël approche. Ronnie leur envoie des cartes qu'il illustre et les gâte grâce à l'argent que lui adresse sa famille et à celui qui provient des œuvres, dessins et peintures qu'il a créés et pu vendre. « Un vélo BMX pour mon fils et des tablettes numériques pour mes filles », détaille leur mère.

« Un jour il me dit : “Je les aime. Je n’y aurais pas cru, car habituellement, je ne suis pas à l’aise avec les enfants, mais là, c’est différent.” »

Puis une nouvelle année débute, en espérant qu’elle soit celle des retrouvailles et du mariage. Déjà neuf mois sans se voir, mais la flamme n’est en rien altérée. Le couple la maintient avec ses rituels habituels et ses échanges d’e-mails toujours plus enfiévrés, mais aussi désormais grâce à de courtes vidéos de trente secondes que seule Claudine peut transmettre.

« Je lui envoie des moments de notre quotidien comme des repas, les enfants qui lui parlent, moi qui nage dans une piscine, un paysage, cela a permis de lui montrer notre maison également et les animaux. C’est également une façon pour lui d’avoir accès au monde extérieur. Je peux filmer le rayon fruits d’un magasin par exemple, avec de belles oranges, des pastèques, etc. Des choses qu’il ne peut plus voir et qu’il adore, comme la mer. Puis nous pouvons aussi partager des choses plus intimes. Je peux danser pour lui, débuter un strip-tease. Cela permet d’entretenir notre amour et notre désir. »

Entre les quatre murs de son étroite et sinistre cellule, Ronnie voyage et vibre grâce à sa future épouse, toujours attentive à son bien-être et prête à tout pour le rendre heureux.

À 53 ans, il est un homme apaisé. Mais en 2000, il avait tenté de s’évader avec l’aide de sa première femme, qui avait détourné un hélicoptère. Depuis, plus sage, il livre son combat contre les institutions carcérales par écrit.

En mars 2021, une bonne nouvelle vient enfin réjouir le couple et soulager les angoisses de Claudine. L'ambassade de France ainsi que l'administration pénitentiaire autorisent l'union de la Française et du condamné à mort américain. Une lumière au bout du long tunnel dont elle espérait sortir depuis plus de six mois.

Chaque jour, la mère de famille écoute fébrilement l'actualité dans l'attente d'une ouverture prochaine des frontières aux étrangers.

Anticipant cette réalité, Ronnie fait envoyer un somptueux bijou à sa future épouse. « Une bague en or blanc sertie de diamants », décrit Claudine, stupéfaite et émue.

Certain de s'aimer durablement et de ne plus vouloir être séparé, le couple établit un plan de vie. Dès l'ouverture des frontières, ils se marieront, puis elle déposera une demande de visa pour s'installer près de Ronnie avec les enfants. Dans cette optique, la mère de famille obtient son diplôme d'assistante juridique en langue anglaise qui lui permettra de travailler sur place.

Tout semble enfin leur sourire. Mais un évènement que ni l'un ni l'autre n'avaient anticipé vient à nouveau contrecarrer leurs projets.

Le 13 juillet 2021, ils apprennent que non seulement les visites de Ronnie sont bloquées, quand bien même les frontières rouvriraient, mais aussi que leur autorisation de mariage est invalidée.

« Ronnie avait reçu un rapport disciplinaire et il devait être jugé pour une infraction, donc tout était annulé. On lui reprochait d'avoir caché sept boîtes de tabac à mâcher dans son sac de linge. Je savais très bien qu'il n'avait pas fait ça, ce n'est pas son genre. L'administration pénitentiaire a alors appliqué une règle qu'elle n'a jamais utilisée pour personne, y compris concernant les violations des règles plus graves, et elle a suspendu ses visites pour six mois. Ça signifiait qu'on ne pouvait pas se voir avant le 13 janvier 2022 », calcule Claudine, oscillant entre colère et déception.

En guise de contestation, le prisonnier entame une grève de la faim qu'il maintient durant vingt-quatre jours. « Je lui ai demandé d'arrêter, car il était totalement déshydraté et a failli mourir. J'ai cru que j'allais le perdre et j'étais anéantie. Cette éventualité m'a paru insurmontable : comment vivre sans lui ? Je n'avais pas l'impression d'en être capable », réalise-t-elle.

Pourtant, l'homme dont elle est éprise a été condamné à mort. Inéluctable sentence que Claudine a en tête, mais à laquelle elle refuse de songer trop souvent. « Il m'arrive régulièrement de rêver de son exécution, ce qui traduit probablement une angoisse bien plus présente que je ne le pense, mais je suppose qu'on essaie sans doute de refouler ça, car ce serait beaucoup trop dur de vivre en y pensant tous les matins au réveil. »

En novembre 2021, les États-Unis autorisent enfin les Français à rejoindre le territoire, une joie teintée de frustration pour Claudine qui n'a pas l'autorisation de visiter Ronnie avant deux mois. « J'ai pleuré de bonheur à l'idée que je pouvais enfin revoir mon homme, même s'il fallait pour ça encore attendre. »

Mais la pandémie n'a pas dit son dernier mot. Le variant Omicron a fait son entrée en France et s'étend de façon fulgurante, laissant craindre aux amants une nouvelle impossibilité de se retrouver.

*
* *

Françoise

À l'inverse, la belle infirmière et son braqueur pourront à nouveau s'enlacer dans quelques heures, après presque un an de séparation.

En empruntant le métro ce matin de février 1976, Françoise pense déjà à la fin de sa journée de travail. Ce moment où elle retrouvera celui qu'elle attend depuis de si longs mois. Comme à l'accoutumée, les patients s'enchaînent puis, l'heure approchant, l'impatience gagne Françoise. Elle ôte sa blouse et s'empresse de rejoindre Claude sur le parvis de la gare Montparnasse où le couple s'est donné rendez-vous par écrit.

L'homme a été autorisé à sortir de la prison de Melun pour la journée. Il porte beau et l'accueille avec un grand sourire. La jeune femme aux cils ourlés de mascara et rehaussés de fard bleu le détaille. « En le voyant, j'ai eu un serrement au cœur, j'étais tellement heureuse. Il était encore plus beau qu'en prison. Il avait minci et portait un costume beige de très grande classe, celui qu'il avait le jour où il avait été arrêté, avec une cravate et une élégante paire de chaussures. »

« Tu m'as manqué », se disent-ils. Puis chacun s'enquiert aussitôt de la situation de l'autre depuis leur séparation.

« Claude avait subi de longs interrogatoires, car à l'époque, il réparait la caméra d'un des gardiens et celui-ci, avec ses collègues, ont commencé à craindre qu'il ait filmé des choses en détention et qu'il ait fait sortir ces films, notamment par mon intermédiaire. Ils envisageaient alors de perquisitionner mon domicile, ce qui aurait été très préjudiciable pour moi, car mon mari aurait appris la situation. Pour me protéger, Claude les avait menacés de rendre publics certains abus d'autorité ou, au contraire, certaines faveurs qu'ils accordaient. »

Quant au responsable de cette situation, c'est-à-dire l'homme qui avait dénoncé le couple à l'administration pénitentiaire, Claude ne l'avait visiblement pas oublié... « Celui-là, des copains s'en sont occupé », raconte-t-il à Françoise.

Après ces brèves révélations, les amants se dirigent vers un petit hôtel sans prétention, tout près de la gare, car l'emploi du temps de la mère de famille est minuté. Entre ses horaires de travail et ceux de l'école primaire où elle doit aller chercher sa petite fille, elle dispose de peu de temps. « Je l'ai suivi, portée par l'envie d'être dans ses bras. Je n'attendais que ça. J'ai ressenti les mêmes émotions que lors de notre première étreinte à Fresnes. C'était toujours aussi fort, il y avait quelque chose de chimique entre nous », décrit la jeune femme, ne luttant nullement contre l'attirance irrépressible qu'elle éprouve.

Deux petites heures après leurs intenses retrouvailles, les amants doivent se séparer. Françoise pour retrouver son rôle de mère et d'épouse, Claude pour rejoindre sa cellule. « Nous nous sommes quittés sans savoir quand nous allions nous revoir. » Encore une séparation douloureuse : « Je ne me suis jamais habituée à le laisser. Je sanglotais à chaque fois », se souvient-elle, ravalant ensuite ses larmes pour ne rien laisser transparaître.

Dans cette attente, Claude et Françoise s'écrivent. Dans l'une de ses missives, le braqueur, habituellement secret et pudique, baisse les armes et se livre.

« Un jour il m'écrit que sa sortie définitive approche et qu'une fois dehors, il accepterait la vie que j'aurais décidée. "Si tu ne veux pas divorcer, et qu'on ne se voie plus, je l'accepterai. Si tu ne souhaites pas te séparer, mais qu'on entretienne une liaison, je l'accepterai aussi. Sinon, il reste la troisième option…" » – celle de devenir un véritable couple aux yeux du monde, sans demi-mesure, ni plus aucune distance et séparation. Françoise y répond favorablement, uniquement guidée par le fervent amour qu'elle porte à son prisonnier. « Je te veux totalement, je veux vivre avec toi et il faut qu'on fasse en sorte que tu sois accepté par ma famille, lui répond-elle. Il était mon premier et unique amour, je ne pouvais pas le laisser passer. »

Néanmoins, il lui faut d'abord divorcer de Jean-Claude, son époux. Une délicate annonce, car le divorce n'est pas encore entré dans les mœurs et ne fait pas partie des convenances et usages de cette époque, d'autant moins lorsqu'il est initié par l'épouse. Et l'infirmière, habituée à faire le dos rond, ne sait comment s'y prendre. « J'avais peur de l'annoncer à mon mari, tout comme à mes parents. Je ne savais pas comment cette nouvelle allait être perçue. J'avais horreur des conflits, je ne savais pas comment m'affirmer. »

Dans l'attente de trouver le courage ou l'opportunité de faire part de sa décision, elle poursuit clandestinement sa romance.

Deux mois plus tard, Claude bénéficie d'ailleurs d'une seconde permission de sortie. Cette fois-ci, il n'est plus question de se croiser quelques heures, Françoise feint d'aller travailler comme tous les matins, mais elle a, en réalité, demandé discrètement une journée de repos pour profiter de chaque instant avec son amant. Tous deux s'accordent alors une romantique escapade dans un parc, puis déjeunent en tête-à-tête au restaurant. « Comme un vrai couple », se réjouit celle qui rêverait de ne passer que d'aussi plaisants moments.

Durant ces brèves occasions à l'extérieur, la mère de famille en découvre un peu plus sur celui dont elle est éperdument éprise et chaque révélation la charme davantage.

« Il avait de la conversation, de la culture tout en étant un homme très bricoleur et inventif. Un homme à tout faire capable de construire une véranda comme de réparer une voiture. Je me souviens aussi m'être étonnée qu'il puisse nous offrir le restaurant avec sa solde de détenu. Et j'ai appris que ses anciens collègues de braquage lui envoyaient de l'argent parce qu'il ne les avait jamais dénoncés. Pourtant il avait été tabassé pendant des heures par la police durant sa garde à vue, torturé, maintenu assis à genoux sur une règle, les bras sur la tête. Il n'a jamais craqué », raconte-t-elle, admirative du courage et de la droiture du braqueur.

De cette vie, Claude lui narre la splendeur de ses soirées cannoises et parisiennes notamment au *Raspoutine*, célèbre restaurant-cabaret fréquenté par les artistes et la jet-set des années soixante-dix, des liasses de billets dans les poches, toujours vêtu d'élégants et coûteux costumes. Une vie de flambeur alimentée par des coups réguliers – « braquage de banques, de fourgons et revente d'objets d'art volés à des antiquaires » –, après lesquels il lui était nécessaire de se mettre au vert parmi les gens du voyage. « Il vivait avec eux quelque temps dans une caravane avant de repartir », précise Françoise. Arsène Lupin, comme le surnomment ses comparses, côtoie aussi parfois le milieu de la prostitution et du proxénétisme, « mais sans y prendre part, il était très respectueux des femmes », signale-t-elle. Un caméléon à qui seul l'argent pouvait visiblement faire franchir la ligne rouge. « Malgré tout, il avait des valeurs et un code d'honneur. »

La fois suivante, Françoise souhaite faire rencontrer son enfant à Claude. Elle l'emmène dans un petit supermarché de quartier qu'elle lui avait indiqué, mais elle ne lui présente pas officiellement. L'homme est là, tout près dans un rayon, il regarde l'enfant qui s'arrête devant les jouets. « Je voulais protéger ma fille tant que notre avenir n'était pas décidé. Le regard de Claude m'a rassurée. Il était affectueux et sécurisant. Il a tout de suite accepté ma fille. Il adorait les enfants. J'étais désormais confiante en son aptitude et en l'avenir de notre famille potentielle, même si je l'avais déjà perçu avant. »

Puis en juin, presque six mois après leurs retrouvailles, le détenu sort définitivement de détention, après onze années en cellule. « Quand j'ai ouvert le courrier dans lequel il m'annonçait sa sortie, j'ai ressenti une explosion de joie mêlée toutefois de craintes aussi, car il fallait maintenant envisager sérieusement le divorce et ce n'était pas si simple. »

Comme s'il n'avait jamais été écarté de la société, Claude se réadapte en un tour de main à la vie extérieure. Il trouve rapidement un emploi de dépanneur électroménager aux Galeries Lafayette à Paris. Françoise l'aide financièrement pour louer un petit studio qui abritera d'ailleurs leur amour pendant plusieurs mois.

Mais pas tout de suite, car elle dispose toujours d'aussi peu de temps. Ils se retrouvent donc fugacement à la sortie du travail de la jeune femme avant qu'elle ne récupère sa fille. « On se voyait dans la rue, au café et à deux reprises dans une chambre d'hôtel, lorsque j'ai eu plus de temps. C'était court, peu fréquent et par conséquent très intense. »

Claude à présent dehors, il est temps pour son amante de clarifier sa situation maritale.

« J'ai commencé à être plus exigeante à la maison avec mon mari et à contester son attitude dilettante alors qu'avant, je ne disais presque rien. » Françoise espère ainsi provoquer une prise de conscience chez Jean-Claude et induire l'idée d'un divorce. « Je lui montrais son irresponsabilité dans le ménage et en tant que père. Je gérais tout, et j'en avais assez. Mais j'avais beau le mettre en garde – "ça va mal finir", le menace-t-elle un jour –, toutes mes réflexions glissaient sur lui. Il ne réagissait absolument pas. »

Dans l'attente, Claude échafaude des projets pour leur couple. Il a l'intention de demander une mutation dans la région niçoise dans laquelle il a vécu et où il se plaisait beaucoup. Françoise finit par se décider, excédée par cette vie dédoublée, et annonce son souhait de divorcer. « Jean-Claude est tombé des nues, il ne s'y attendait pas du tout malgré mes avertissements et il a très mal réagi. » L'homme refuse, dans un premier temps de quitter le domicile, puis finit par faire ses valises et part vivre chez ses parents.

Le juge accorde la garde principale de leur fille à Françoise et un week-end sur deux au père. Lors de ces deux jours de liberté, l'infirmière retrouve Claude dans son studio et vit enfin pleinement aux côtés de celui qu'elle aime depuis près de deux ans.

« Il me préparait des petits plats, installait une chaise longue à mon intention sur son balcon, il me chouchoutait. Cela ne m'était jamais arrivé avant, c'était un changement de vie radical. Je le découvrais véritablement, il était tel que je l'imaginais. Nous avions les mêmes goûts, les mêmes envies, c'était vraiment très appréciable », se réjouit Françoise, présageant de beaux jours devant eux.

Mais avant cela, en septembre 1976, le couple est à nouveau séparé. Claude a obtenu sa mutation, et quitte Paris pour la Côte d'Azur. En plein divorce et meurtrie par cette nouvelle rupture avec Claude, elle s'apprête à passer un rude hiver.

*

* *

Hélène

L'hiver qui arrive se présente, au contraire, pour le braqueur de bureau de poste, sous de meilleurs auspices.

Le 12 septembre 2008, derrière la silhouette d'Ismaël, la porte d'entrée de la prison d'Oermingen claque une dernière fois. L'air frais emplit ses poumons. Il est dehors.

Il a 30 ans, Hélène, 26, l'avenir est devant eux. Leur seule envie est d'être ensemble, plus jamais séparés. Et contre toute attente, à peine quelques jours après la libération d'Ismaël, Hélène lui fait sa demande.

« Comme depuis le début de notre histoire, cela s'est fait très naturellement. Je feuilletais un magazine dans lequel figuraient des bagues de fiançailles de bijoutier et j'ai lancé le sujet. »

« Ça ne te plairait pas de passer une bague comme celle-ci à mon doigt ? lance-t-elle à son prisonnier.

– D'accord ! Oui ! »

Dès le lendemain, ils entament les préparatifs de leur mariage, simple, à leur image. Hélène demande à sa mère de lui confectionner sa robe.

Durant plusieurs jours, elles assemblent pièce par pièce la tenue de mariée d'Hélène. « Une belle aventure et un moment de partage unique, bien mieux que de parcourir les boutiques », apprécie la jeune femme.

D'autres se réjouissent moins de cette union. Des cousins commentent alors le passé d'Ismaël et émettent des menaces à peine voilées : « S'il te fait du mal, on viendra lui casser la gueule », se vantent-ils auprès d'elle. « Je n'en ai évidemment pas tenu compte, d'autant que je les fréquentais peu et je ne les ai plus revus depuis cette date. »

Plus douces, les réserves et inquiétudes de la mère d'Hélène et de sa sœur, sont reçues avec bienveillance par la jeune femme.

« Surveille-le bien, lui conseillent-elles. Vérifie ce qu'il fait et qui il fréquente. Et s'il recommençait et s'il retournait en prison, tu serais à nouveau seule et tu devrais retourner au parloir.

– Avec des si, on mettrait Paris en bouteille, comme tu le dis souvent, maman », répond Hélène, avec un brin d'humour.

« Je suis optimiste pour notre avenir. Il faut voir le meilleur des gens et Ismaël a de grandes qualités, j'ai confiance en lui. Et puis il s'agit de ma vie, pas de la leur. Je comprends leur réaction puisque ce sont mes choix, ça leur échappe et ça les inquiète, c'est assez logique », analyse-t-elle.

Un mois et demi plus tard, le couple s'unit donc devant les familles et amis, une vingtaine de convives un peu surpris par la rapidité des évènements, mais heureux.

« On a pris la première date qui se présentait, c'est-à-dire le 24 octobre 2008. Les gens ne pariaient pas un iota sur nous ! Pourtant, durant les deux années et demie qui s'étaient écoulées depuis notre rencontre, nous avions tout envisagé avant. Avions-nous envie d'enfants ? Si oui, quand ? Comment allions-nous les élever, avec quelles valeurs ? À l'extérieur, nous n'aurions pas eu ce genre de conversations si tôt, et nous n'aurions pas pris le temps. La prison nous a donné du temps, finalement utile pour mieux nous connaître et savoir si vraiment nous étions faits pour être ensemble. »

Après la cérémonie, le couple convie ses invités dans un restaurant indien, cher au cœur des mariés, puisqu'ils y dînaient et déjeunaient à chaque permission d'Ismaël.

« On était comme chez nous, on s'y sentait bien. Ce jour-là, le propriétaire nous a d'ailleurs offert un coffret en bois ouvragé avec un cèdre sculpté sur le couvercle. Une boîte que j'ai toujours et dans laquelle je conserve les premières roses, désormais séchées, que mon mari m'a offertes, le narcisse que j'ai cueilli lors de notre première rencontre et bien d'autres précieux souvenirs. »

Désormais marié, le couple entre au même moment dans la vie active, Hélène dans l'Éducation nationale où elle occupe un poste administratif, Ismaël dans la poissonnerie de son frère. Chacun souhaitant la page prison tournée à jamais.

Mais les anciennes connaissances d'Ismaël rôdent.

« Il se tient éloigné des personnes qui peuvent lui attirer le plus d'ennuis. Mais il est souvent sollicité pour faire "un dernier coup". La plupart de ses amis étant issus de la petite délinquance, c'était difficile de résister à l'argent facile. Même s'il reste en lien avec eux par téléphone, il fait du mieux qu'il peut et se concentre sur son travail et notre famille. »

Un choix sage, d'autant que seulement neuf mois après leur union, Hélène tombe enceinte. « Je l'avais pressenti avant même de faire le test, tout comme j'avais pressenti qu'il ne s'agirait pas d'une grossesse unique. »

À la première échographie, l'obstétricien leur annonce, en effet, une nouvelle inattendue :

« Vous aimez les surprises, monsieur ?

– Euh, oui... répond-il un peu inquiet.

– Eh bien, vous en aurez deux ! Il s'agit d'une fille et d'un garçon. »

« Il était sidéré », se souvient la mère de famille.

Pour en informer ses proches, Hélène choisit une annonce originale : « J'ai offert deux paquets de café "Grand-mère" à ma mère, un rouge et un noir. »

« Quoi, des bébés ? Et il y en a deux ? » s'exclame la future grand-mère.

Un tourbillon de vie que l'ancien prisonnier accueille avec joie, et de menues difficultés aussi, car il doit réapprendre à vivre à l'extérieur, après cinq années en détention.

« Les premiers jours, il avait beaucoup de mal à aller faire les courses, les bruits de la ville, le vacarme des voitures et des klaxons l'angoissaient, il n'avait plus l'habitude. Il était aussi perturbé par la technologie qui avait évolué. Il était entré en détention avec un simple téléphone portable et il est ressorti à l'aube du Smartphone, il a fallu quelques cours de rattrapage ! Il ne savait pas non plus se servir correctement d'un ordinateur. Il a fallu se réadapter… Parallèlement à ça, il s'émerveillait d'un petit rien. Nous habitions au-dessus d'une boulangerie et le simple fait de pouvoir s'offrir un croissant le matin en toute liberté, c'était un luxe pour lui. »

En décembre 2009, le couple s'installe dans un grand appartement équipé de quatre chambres pour accueillir les enfants à venir, mais aussi le fils d'Ismaël, né d'une première union, qu'Hélène a pris sous son aile. « Très vite après ma rencontre avec Ismaël, je le conduisais au parloir avec moi pour maintenir le lien avec son père et désormais, il vivait avec nous une semaine sur deux. »

Ensemble, ils s'aménagent un nid douillet, choisissent leurs premiers meubles et objets décoratifs. « On écrit la première page de notre vie commune », se réjouit Hélène.

La grossesse de la jeune femme se déroule au mieux. Ismaël est prévenant, attentif et impatient de découvrir ses enfants.

« Il se coupe en quatre pour me satisfaire. Il m'offre des fleurs, enduit mon ventre de crème, me tient la porte, s'occupe des courses, etc. Je découvre aussi une nouvelle facette de sa personnalité, sa paternité touchante. Il parle à nos enfants à travers mon ventre : “J'ai hâte de vous voir les enfants et de vous apprendre à faire du vélo. On jouera au foot aussi quand vous serez plus grands. Et je vous emmènerai à la mer, on ira faire du bateau” », promet le futur père de famille.

Ensemble, ils préparent la chambre des bébés, posent un papier peint vert tendre, couleur douce et convenant aux deux sexes, et équipent la pièce de matériel d'occasion. Deux berceaux, une table à langer, des doudous, sorties de bain, bodys et autres gigoteuses, tout est prêt pour les accueillir.

Un mois avant terme, les voilà qui décident de voir le jour. Assez chétifs, ils prennent vite du poids et de la voix. « Nous étions très heureux. Notre histoire était si extraordinaire et ces deux petits anges étaient là pour nous le montrer, prouver que nous avions eu raison. »

Un bonheur entaché par l'attitude du fils aîné d'Ismaël, qui perçoit très mal l'arrivée des nouveaux venus et finit par s'éloigner progressivement et ne plus rendre visite à son père. « Il était très jaloux et au fil du temps, il n'a plus souhaité revenir vivre avec nous », déplore Hélène.

Secondée par sa sœur, la jeune mère de famille s'investit alors pleinement dans son nouveau rôle tandis qu'Ismaël embauche tôt à la poissonnerie et s'occupe des bébés à son retour. Bientôt, il éprouve d'autres envies professionnelles et entame une formation en boulangerie et pâtisserie. Par ailleurs, leur clan s'agrandit avec la venue d'un petit garçon en avril 2013.

Une vie de famille normale, heureuse et épanouie comme ils l'avaient rêvée derrière les minces parois de la salle de parloir. Un endroit que ni l'un ni l'autre ne souhaite plus jamais retrouver, et pourtant…

*

* *

Agnès

C'est son futur époux qu'Agnès est impatiente de retrouver. Alors qu'elle est à l'apogée de son bonheur avec Gabriel, avec lequel elle va s'unir dans quelques jours, elle doit encaisser une grosse désillusion :

« Je l'annonce à ma mère et je tombe des nues face à sa réaction : “Mais tu étais la première à juger tes collègues qui tombaient dans les bras de détenus ! Qu'est-ce qui te prend ? Tu es la honte de la famille”, me dit-elle.

« Je suis un peu sous le choc, car même si nous n'avons jamais été très proches, j'ai été présente pour elle dans des moments difficiles, notamment son divorce d'avec mon père. Compte tenu de ses commentaires, il est alors hors de question que j'en parle à qui que ce soit d'autre de ma famille », décide-t-elle, trop affectée.

Mais quelques jours plus tard, lors d'une remise de médaille familiale à la mairie de son village natal, en présence de nombreux proches, elle découvre avec stupeur que les bans de son mariage ont été publiés et affichés dans le hall de l'hôtel de ville.

Sa famille, à qui elle dissimule sa relation depuis ses débuts, apprend donc sa future union de cette façon.

« Pour la discrétion, c'était raté ! Tout le monde me regarde sans oser me dire quoi que ce soit. Soixante personnes avec les yeux braqués sur moi qui s'interrogent entre elles. Le lendemain, mon père me questionne. Je lui réponds que je ne leur ai rien dit parce que je connaissais d'avance leur réaction. Et, en effet, sa première remarque concerne l'image, le qu'en-dira-t-on. “Mais qu'est-ce que vont penser les gens ?” »

Pour Agnès, c'est la douche froide. Elle décide alors de se marier avec pour seul témoin son amie et complice de longue date, soutien de son bonheur avec Gabriel depuis les prémices de leur idylle.

En attendant ce jour très désiré, le couple prend la décision de se voir, malgré l'engagement professionnel de la surveillante qui court encore. « C'était vraiment trop long d'attendre et je ne voulais pas qu'on se revoie uniquement le jour de notre mariage. »

Ce grand moment de retrouvailles est pourtant gâché par la crainte d'être démasqués. « Je n'ai jamais eu aussi peur qu'on me reconnaisse et que je me retrouve dans une situation très compliquée. Il ne me restait que deux mois avant d'être désengagée de l'administration pénitentiaire. Alors je fais profil bas, mais à l'intérieur, je suis tellement stressée que ça occulte la joie que j'ai de le revoir. »

Ce jour-là, Agnès est venue accompagnée de son petit garçon âgé de 5 ans pour le présenter à son futur époux.

« Je lui avais déjà parlé de Gabriel et lui avais montré une photo de lui. Il sait que c'est mon amoureux et il connaît la prison puisque c'est mon métier, je lui en ai souvent parlé, donc il n'est pas inquiet, il a plutôt hâte de le rencontrer. Gabriel aussi est bien disposé, car il adore les enfants. Et je suis heureuse, car ils s'entendent très bien dès ce premier parloir. »

Toute à l'organisation du jour J, Agnès découvre et adopte la vie d'une femme de détenu, de l'autre côté du mur où elle était habituée à travailler.

Chaque week-end, elle parcourt les quatre cents kilomètres qui la séparent de son compagnon et loge sur place dans une maison d'accueil mise à disposition des familles de détenus par une association. Ainsi, elle et son enfant peuvent bénéficier des quatre parloirs possibles matin et après-midi. Le couple reprend une cadence de vie plus normale et poursuit le fil de son histoire : « Se revoir plus régulièrement est un grand bonheur. Et un lien fort se crée entre Gabriel et mon fils, dont le père n'est plus présent pour lui. Ça m'émeut, on recrée ensemble une belle famille. »

Derrière les murs de cette autre prison, Agnès et Gabriel continuent à s'aimer avec autant de distance. Ils ont dorénavant la possibilité de se rapprocher, de se toucher en toute tranquillité et restent dans ce cadre autorisé, refusant de transgresser le règlement en ayant des relations charnelles.

« Après un an à ce régime, on est habitués. On ne veut pas de problème, ne pas prendre le risque d'une sanction. Plusieurs fois, je remarque des irrégularités dans le déroulé des parloirs, mais je ne dis rien. De même que je ne me lie pas avec les autres familles de détenus, car parfois certaines demandent de rendre des services un peu douteux et je ne veux pas avoir à refuser et créer des contrariétés, donc je reste à distance », agit prudemment l'ex-surveillante, rompue aux problématiques carcérales.

D'autant que le mariage approche, un évènement qu'elle entend savourer, apprécier au mieux, malgré les dissensions entre elle et sa famille.

En juillet 2012, le couple s'unit devant monsieur le maire, dans un bureau du centre de détention. Pour les alliances, il a choisi de faire fondre de l'or ancien et d'en extraire deux anneaux similaires. Vêtue d'une robe à corset crème et jupon de tulle chocolat, l'ex-surveillante est aux anges. Gabriel, paré d'un costume trois pièces, se montre ravi. « On avait économisé pour s'offrir de belles tenues. » Une courte fête est autorisée autour d'un simple buffet composé de viande froide, d'une salade de riz et d'un gâteau.

« Sous le cerceau de ma robe, j'avais dissimulé une petite fiole de whisky pour faire plaisir à mon mari et un appareil photo numérique. Mais j'étais tellement angoissée que j'ai oublié de le recharger ! »

Après deux heures d'instants suspendus, le couple revient à la dure réalité. « Quand il a fallu repartir, c'était terrible. Aux portiques, les gardiennes me disent "Toutes nos félicitations", mais moi je suis en rage. Je suis en colère qu'on nous prive ne serait-ce que d'un moment tous les deux. Dès que j'entre dans ma voiture, je me démaquille aussitôt, pour vite passer à autre chose. »

Désormais mari et femme, l'ex-surveillante et le prisonnier espèrent alors pouvoir bénéficier d'un rapprochement familial. Mais c'est tout l'inverse qui se produit.

« Une semaine après notre mariage, Gabriel m'appelle d'une autre prison, encore plus loin, à plus de six heures de route. Il a été transféré très vite et n'a pas pu me prévenir avant. C'est un coup dur, une véritable claque, d'autant qu'on prépare justement son rapprochement et là, il part encore plus loin de moi, sans raison. Il lui reste encore plusieurs années à purger, l'avenir s'annonce compliqué. »

Moins d'une semaine après, elle part rejoindre son mari. « On a besoin de se retrouver, de se réconforter l'un l'autre. » Ce parloir scelle un peu plus leur amour. Derrière les portes opaques du box, les époux consomment leur mariage et unissent leurs corps pour la première fois.

Étant donné l'éloignement, Agnès réduit les visites à deux week-ends par mois. « Avec le temps, c'est dur de gérer la distance entre nous, mais le coût des transports m'empêche d'y aller plus souvent. »

Mais surtout, très vite, Agnès se rend compte qu'elle est enceinte. « C'est arrivé dès notre première relation intime, j'étais très surprise, car nous en avions très envie, en revanche, ce n'était pas prévu aussi vite. » En conséquence, les semaines passant, elle évite d'effectuer de trop longs trajets en voiture dans son état et voit peu son mari.

« Il n'assiste pas vraiment à toute l'évolution du bébé et il le regrette. De mon côté, sa présence me manque. Mais dès le début, je me suis préparée à ce que cette période, encore plus que les autres, soit compliquée. Je me suis conditionnée. Je ne veux ni être déçue, ni m'apitoyer sur mon sort, car c'est comme ça qu'on ne tient pas le coup et qu'on peut reprocher à l'autre la situation, devenir amère. J'ai fait le choix d'être avec lui, j'accepte ses erreurs du passé et par conséquent la situation, c'est ainsi. »

Entourée d'un petit clan d'amis qu'elle a constitué, elle fait face.

« J'ai peu de personnes autour de moi, je me suis un peu fermée aux nouvelles connaissances pour éviter de dire que mon mari est en prison, je ne connais d'ailleurs même pas le nom de mes voisins. Mais elles me suffisent. J'ai confiance en elles et Gabriel, même s'il est loin, m'épaule. Il est très présent malgré tout. »

La grossesse de la jeune femme se déroule pour le mieux et pour le jour de l'accouchement, elle a demandé à sa meilleure amie d'être présente afin de la soutenir, l'épauler. Elle met au monde un petit garçon au printemps 2013. Un accouchement difficile, aux forceps.

Concomitamment à la naissance de son enfant, Gabriel est autorisé à se rapprocher de son épouse, à quelques kilomètres. Elle peut ainsi emmener au parloir leur fils âgé d'à peine quatre semaines, pour les présenter l'un à l'autre. « Je veux que le lien se fasse tout de suite entre eux, c'est important », précise Agnès. Il est, en effet, instantané. « Gabriel est totalement fou de son fils, il est fier et le montre à tout le monde, c'est très émouvant. »

L'avenir semble désormais plus radieux. L'ex-surveillante est une maman comblée, son mari est tout près d'elle et va bientôt sortir.

*
* *

Chloé

La sortie de Loïc a lieu un matin de février 2018, près d'un an après le début de sa relation avec Chloé. L'ex-SDF meurtrier est autorisé à sortir quelques heures autour de la prison. Un grand pas dans leur histoire et une folle espérance pour Chloé qui s'est souvent imaginée dehors avec son homme.

Ce jour-là, elle est heureuse et affiche un large sourire. Loïc l'est tout autant. Il aspire ses premières bouffées d'air libre qu'il n'a pas humé depuis cinq ans. « C'est une étape importante, car on ne se connaît qu'en prison. Je suis un peu angoissée et je me demande si tout va bien se passer et s'il aura un comportement adapté à l'extérieur. »

Le couple a réservé une chambre d'hôtel « pour passer un moment rien qu'à nous », précise Chloé, sans se douter que ce précieux aparté serait un peu gâché par le tempérament du détenu.

« En allant à l'hôtel, nous croisons deux hommes qui tournent le regard vers moi, sans plus, et tout à coup, il se crispe, serre la mâchoire et me balance : “Tu veux aller avec eux ? Ils te plaisent ?” Je réponds simplement qu'il s'agit juste d'un regard et que cela fait partie de la vie à l'extérieur, à laquelle il n'est plus habitué. Je dédramatise, tourne la situation à l'humour. Il m'insulte. Je mets tout de suite un holà. Et il s'excuse. »

La belle histoire sur laquelle elle avait fantasmé est écornée par le comportement irritable de Loïc, augurant d'une réinsertion délicate. Une déception. Chloé avait bien envisagé et craint ce scénario, mais espérait tout de même une reconnexion sociale plus douce. « Cette première sortie me laisse un goût amer. C'est un peu la douche froide. D'autant qu'après, son comportement a beaucoup changé », regrette la jeune femme qui décrit un « avant-après » redoutable.

« Il est désormais plus nerveux, moins patient. Il est plus oppressant dans ses appels et se met en colère si je ne suis pas disponible pour répondre en journée ou le soir. Il devient suspicieux quand je sors avec mes amis. Il me demande comment je me suis habillée pour sortir. Même si cela me pèse, je minimise la situation. Il doit se réhabituer à l'extérieur, ça viendra. Et puis il a toujours les mots pour se faire pardonner et la bonne attitude quand il le faut. On est amoureux, il est tendre et attentionné aussi. Il s'excuse à de nombreuses reprises et se montre dans de bonnes dispositions pour la prochaine sortie », se rassure la jeune femme.

Quelques semaines plus tard, Loïc obtient une seconde permission, d'une journée et une nuit cette fois-ci, avec la possibilité de s'éloigner de la prison et de se rendre chez Chloé qui s'est portée garante.

« Il a deux envies très précises : aller nager à la piscine pour se sentir léger et faire un bon repas. » Chloé l'emmène dans une boutique pour se procurer un maillot de bain, mais la virée shopping tourne au cauchemar. L'agneau devient loup.

« Le moindre regard sur lui l'agresse, il dit tout fort : "Qu'est-ce qu'il me veut celui-là ?!" Je suis extrêmement gênée et j'essaie de le calmer. En prison, il a l'habitude que les détenus baissent le regard quand ils le croisent, parce que c'est un tueur. Même les surveillants sont impressionnés et cèdent lorsqu'il s'énerve. Comme la première fois, je le rassure, l'apaise. »

Plus tard, dans le bassin de la piscine municipale, il s'agace de nouveau à cause du regard appuyé d'un maître-nageur.

« Il est prêt à se battre avec lui, il se met en furie, il a les poings serrés et un regard terrifiant. Je ne sais plus quoi faire. Je tente de le raisonner et lui explique que lorsqu'on a une faucheuse tatouée sur le dos, ça attire forcément les regards, c'est normal. Il ne m'écoute pas, je sors et quitte le bassin. »

Ce qui devait être un moment de détente tourne à la dispute. Chloé est désemparée, mortifiée.

Lors d'une conversation à fleuret moucheté, elle tente de lui faire entendre raison et comprendre qu'il n'a pas un comportement adapté. « Sur le chemin du retour à mon appartement, je lui explique que la vie dehors est différente. Il doit se fondre dans la population et se plier aux règles de vie à l'extérieur pour se réinsérer. Au fond de moi, je suis terriblement déçue et un peu effrayée par le regard que j'ai aperçu. Celui d'un tueur… »

Loïc fait profil bas, s'excuse à nouveau. « Il reconnaît qu'il n'a pas eu la bonne attitude et me rassure en me disant qu'il évoquera le problème avec sa psychologue à son retour en prison. » Une réaction qui temporise ses inquiétudes, mais au fond, Chloé se sent prisonnière de ses rets, enserrée dans une relation d'emprise.

Le soir, le couple dîne en tête-à-tête et l'ambiance se détend. La permission se termine sur une note plus douce. Mais la découverte d'une autre facette de Loïc occupe son esprit.

À l'issue de cette brève escapade, la séparation est difficile et salutaire aussi, car le couple reprend ses habitudes, et Loïc – en prison, un environnement dont il maîtrise les codes – se montre moins agressif.

Entre chaque permission, la jeune mère de famille continue de se rendre au parloir avec tout autant d'envie, mais un peu plus d'appréhension et de questionnements désormais. Je me dis : « "Mais pourquoi tu t'infliges ça ? Est-ce que tu l'imagines vraiment en famille, chez tes parents ?" Pour le savoir, j'ai besoin d'avancer dans notre histoire », assure-t-elle.

Puis, à chaque fois que son amant apparaît dans la salle de parloir et affiche son sourire si désarmant, elle occulte ses troubles pensées. « Il redevient doux, gentil, très amoureux. »

Elle met aussi en sourdine certaines remarques et réflexions blessantes, dérangeantes. Notamment concernant son petit garçon. « Tu sais, c'est le fils d'un autre, je ne sais si j'ai envie de le rencontrer et y voir la tête de son père », lui lance-t-il un jour.

Loïc doute aussi de sa fidélité. « Tu vois qui ? Tu fais quoi ? » la presse-t-il au téléphone.

« Certains détenus, un peu jaloux, lui font croire que j'ai été vue avec un autre homme dehors ou carrément dans un film pornographique. C'est un jeu idiot entre eux, mais qui a le don de le rendre complètement paranoïaque. Lui n'a pas la notion de normalité, il n'a aucun recul. Il doute, y croit un peu. Et surtout, il est dedans, impuissant, ça le frustre. Cela donne lieu à des disputes régulières un peu usantes et inutiles », regrette sa compagne.

Ces reproches et conflits parasites entament petit à petit la confiance de Chloé ainsi que sa liberté.

« Je ne sors plus avec mes amis, je me renferme pour éviter d'avoir à me justifier et être disponible au téléphone pour lui. L'image dégradante de fille facile qu'il a de moi me gêne de plus en plus. Il insinue aussi que je ne suis pas assez compréhensive avec lui, que je ne l'aime pas assez, je ne fais pas suffisamment d'efforts pour l'aider à s'intégrer. En fait, tout ça me détruit à petit feu, mais je ne m'en rends pas vraiment compte sur l'instant, d'autant qu'il y a encore de l'amour et de la tendresse entre nous. C'est bien pour cela que c'est si difficile d'y voir clair. »

Au début de l'été, le couple se retrouve à nouveau dehors pour une durée de deux jours pleins. L'occasion de se retrouver et se créer de jolis souvenirs, même si Chloé est un peu sur la réserve. « Je pèse chacun de mes mots, contrôle mon regard pour qu'il ne soit pas mal interprété. Je fais en sorte qu'il reste calme et n'entre pas en éruption pour une broutille. » Malgré ces précautions, Loïc montre pourtant de la colère dès les premiers moments.

« Alors que nous nous promenons dans la rue, il me reproche de ne pas lui tenir la main comme le ferait une femme amoureuse. C'est vrai, je rase un peu les murs et m'arrange pour ne croiser personne que je connais. Je n'assume visiblement pas notre relation, du moins pas encore. Il s'agace, il ne se sent pas légitime. Je peux le comprendre, mais je suis choquée par la violence de sa réaction. Il m'insulte, entre dans une colère noire. Je développe des trésors de diplomatie pour le calmer. »

L'orage passe temporairement. Le soir, dans l'appartement de Chloé, une nouvelle dispute autour du même sujet éclate. Cette fois-ci la jeune femme ressent pour la première fois de la peur.

« Cette scène m'a marquée. Nous sommes chacun d'un côté du lit dans la chambre. Il me hurle dessus, m'insulte à nouveau et se fait menaçant, poings fermés et ivre de rage. Je reste près de la porte, prête à me sauver si besoin. Et dans ma tête je me dis : “Il a tué, on ne sait jamais…” »

Le lendemain, Chloé a organisé une randonnée en pleine nature, sur un sentier peu emprunté et retiré des habitations, pensant que Loïc apprécierait le décor et l'isolement.

« Comme une grenade, il dégoupille à nouveau pour une futilité et entre en furie. Sauf que nous sommes seuls, au milieu de nulle part, près d'une falaise et d'une rivière. J'accélère le pas en direction de la voiture en espérant croiser d'autres marcheurs. Intérieurement, je suis totalement paniquée. Face à son mètre quatre-vingts, je n'ai aucune chance avec mes quarante-quatre kilos et mes vingt centimètres de moins, s'il s'en prend à moi », pense-t-elle.

Heureusement, ce jour-là, Loïc en restera aux mots.

À l'issue d'un week-end mitigé, il rejoint la prison, insatisfait. « Il s'en veut, il me dit que ses réactions le dépassent, mais qu'il va continuer son suivi psychologique pour s'adoucir, s'apaiser. Je veux y croire, mais cette permission a été un échec. J'ai du mal à l'assumer. Après tout ce que nous avons traversé, tous les efforts que j'ai fournis, je refuse de laisser tomber pour autant. »

Chloé espace tout de même les parloirs, les courriers et répond moins aux appels de son amant. « Même si je l'aime toujours, quelque chose est brisé de mon côté. » Le détenu réagit mal à cette distanciation. « Il croit encore que je le trompe. Je me sens salie, rabaissée. »

Chloé a perdu du poids, elle est fatiguée, stressée, usée. « J'ai mal dans tout le corps, il m'arrive de faire des malaises, notamment en voiture. Ma seule bouffée d'air, ma petite bulle d'oxygène, c'est mon fils. Il est mon petit bonheur. Quand je suis avec lui, je lui fais découvrir plein de choses, nous passons des moments magiques. »

La visite suivante de Loïc à sa compagne tourne court.

« Je ne parviens plus à être en sa présence, j'ai été trop blessée, déçue par ses mots, son attitude, alors je l'ai prévenu que je veux bien aller le chercher à la prison puisqu'il a le droit de sortir et que je suis son garant, mais je préfère qu'il passe sa permission ailleurs que chez moi. Mais une fois arrivé à mon appartement, il refuse de partir, insiste, reste et tente de m'embrasser. Je le repousse, il s'énerve. Je contacte alors un ami à lui pour qu'il vienne le chercher et je m'enfuis. Il tente de me rattraper dans la rue, m'agrippe, puis devant les regards des passants me lâche et repart. Entre nous, c'est fini. »

*

* *

Sigrid

À Raiford, en Floride, tout commence pour Sigrid et Alan.

Vêtue d'une robe patineuse des années 1950, elle s'avance vers son compagnon. Lui n'a pu déroger à la tenue réglementaire : pantalon blanc, traditionnelle blouse orange sous une veste en coton bleu jean. Nous sommes le 23 avril 2016. Au fond de l'espace des visites, devant la fresque d'un paysage automnal, le couple, mains enlacées, écoute la lecture d'un passage de la Bible effectuée par un notaire, autorisé à officier leur union.

Les futurs époux échangent ensuite leurs vœux devant leurs sept invités bouleversés, tout comme les gardiens, émus aux larmes.

« Aujourd'hui, je choisis sans hésitation ni doute mon époux. Il est mon homme idéal. Tu es la personne à laquelle je pense en dernier quand je me couche et la première à mon réveil avant même d'avoir ouvert les yeux. Et rien ne me rend plus heureuse. Je chéris ton affection. J'admire et j'aime ton honnêteté, ta loyauté, ta force et ta résilience. Tu m'inspires. Je te promets d'être toujours à tes côtés et de te soutenir dans les meilleurs et les pires moments. Je veux continuer à partager notre vie et que nous ayons des cheveux gris ensemble », prononce Sigrid, plongée dans les yeux émerveillés d'Alan.

« Ta présence à mes côtés dicte le temps. Il est difficile de respirer quand tu es loin et mes pensées sont troublées quand tu es là. Je promets de te chérir et d'être ton meilleur ami. Je promets de traverser le feu et la pluie avec toi jusqu'à la fin. Je promets de te donner tout de moi et de t'aimer tout entier », assure Alan à son tour.

Le notaire officialise enfin le mariage par le consentement des époux et prononce une phrase quelque peu modifiée à la demande du couple : « pour toujours » plutôt que « jusqu'à ce que la mort nous sépare ». « Durant ces trente minutes, je n'ai regardé que lui et lui n'avait d'yeux que pour moi. C'était beau, c'était parfait. J'étais à ma place, il était à sa place, j'étais très heureuse », se remémore Sigrid.

Puis, la brutale réalité frappe les époux qui ne peuvent bénéficier d'aucun moment à deux. « Ils l'ont emmené en cellule avant même que les photos ne soient sorties de l'imprimante. C'était triste et frustrant », ne décolère pas la jeune femme.

Heureusement, Sigrid bénéficie de deux mois de résidence sur place grâce à une esta[2]. Sur un petit nuage, elle profite de chaque visite auprès de son époux et en vient à aborder les faits qu'elle n'avait encore jamais osé évoquer avec lui.

« Une fois mariés, j'ai posé toutes les questions que je voulais, sur tous les détails que je voulais. J'ai aussi lu tous les documents, les transcriptions des procès, etc., ce qui donne au final une histoire différente des gros titres des journaux. Depuis, je suis vraiment en colère de voir comment les choses se sont déroulées, de la corruption et du je-m'en-foutisme dont son avocat a fait preuve, et du désespoir de sa situation judiciaire. »

La version d'Alan est qu'il était présent lors du cambriolage du couple victime, mais il n'a pas suivi ses comparses durant leur épopée criminelle.

2. Une autorisation électronique de voyage permettant de se rendre aux États-Unis sans visa.

« Il est resté au bout du chemin de terre où ses amis ont conduit le couple pour le tuer. Il n'a ni assisté, ni participé au meurtre, explique Sigrid. Mais il est quand même considéré comme complice par la loi, quoi qu'il ait fait. Il n'y a pas de distinction entre les crimes, il était là au départ, donc c'est comme s'il avait commis le meurtre. Lors de son procès, il ne s'est pas exprimé, laissant son avocat le défendre. Ce qu'il ignorait c'est que l'un de ses coaccusés avait accepté un accord avec le procureur. Il a donc dénoncé Alan comme le cerveau de cette expédition punitive et a ainsi échappé à la peine de mort. Si Alan était rejugé aujourd'hui, ce serait différent, il se défendrait, développe Sigrid. Son appel est étudié depuis 2017 pour une commutation de sa peine en prison à vie, donc pour l'instant il ne peut pas être exécuté tant que tous ses recours ne sont pas épuisés. Cela suspend sa condamnation à la peine de mort. »

Néanmoins, dans l'esprit de la jeune épouse, l'idée reste prégnante. Et quoi qu'il advienne, le condamné ne sortira probablement jamais de prison. À moins qu'un nouveau procès ne puisse avoir lieu.

« Pour y parvenir, il faudrait que j'aie les moyens de lui payer un nouvel avocat, car les siens ne se battent pas pour lui. Mais je ne peux pas, financièrement. Donc l'option restante c'est la condamnation à vie. Quoi qu'il en soit, je ne l'imagine pas rentrer à la maison un jour. Je n'ai jamais cru qu'on vivrait ensemble. Je ne veux pas me donner de faux espoirs. »

L'intimité, autre sujet d'importance et déjà évoquée avant leur union, est à nouveau discutée.

« Avant notre mariage, je lui avais dit que je ne comptais pas abandonner le sexe et je ne pourrais pas lui promettre de lui être fidèle. Il m'avait dit : “O.K., tu peux faire ce que tu veux dehors, mais je ne veux rien savoir.” Il avait et a toujours la crainte que je rencontre quelqu'un qui m'apporte tout ce que lui ne peut m'apporter, comme le sexe, mais aussi les simples moments de tendresse, m'emmener au restaurant, partir en vacances, etc. Mais je ne suis tentée par aucun autre homme. L'idée qu'une autre personne me touche me met mal à l'aise. Avec Alan, nous avons très peu de contacts physiques et il est vrai que ça me manque tout le temps. Je rêverais de pouvoir le prendre dans mes bras pour une durée illimitée sans que quelqu'un décide pour nous et dise stop, comme le font les gardiens de la prison. Même si cela n'est pas possible, Alan est le bon, alors je me résigne. C'est ainsi. »

Très heureuse, Sigrid veut partager son bonheur avec le monde entier et poste une photo d'elle et son époux. Très vite, l'identité d'Alan et l'affaire qui le concerne fuitent. C'est alors qu'un déchaînement de violence lui parvient.

« C'était inouï, les insultes et menaces sont allées très loin, jusqu'à la volonté de me violer et me tuer, alors que je ne suis responsable de rien. Mais je n'ai pas pris peur. Un jour, j'ai répondu à l'un d'eux : “Tu sais où je suis tous les dimanches, viens…” Personne n'est venu, c'est plus facile de se cacher derrière un écran. Pourtant, je suis ouverte à la conversation. »

En juillet 2017, quinze mois après leur mariage, Sigrid, son visa d'épouse en poche, s'installe durablement aux États-Unis. Elle emménage dans un premier temps chez la mère d'Alan à Jacksonville, à environ une heure de voiture de la prison. « Il était prévu que j'y reste un an, le temps de trouver un travail et faire quelques économies, car les loyers aux États-Unis sont très chers. »

Assez rapidement, elle décroche un emploi au sein d'une association d'aide aux réfugiés. Elle se sent utile et découvre petit à petit la vie sur place. « J'étais très heureuse et soulagée, car je pouvais voir mon mari toutes les semaines, c'était un vrai changement de vie positif de couple. »

Mais, revers de la médaille, elle éprouve aussi des moments de solitude, loin de l'Europe, dans un pays où elle n'a pas ses repères, pas d'amis. « Après l'euphorie du premier mois passé, c'est devenu très difficile. Les semaines étaient longues, j'attendais avec impatience le dimanche pour voir Alan, car j'avais le bourdon. Mais je savais pourquoi j'étais là et je m'y accrochais. »

Et pour cause, tous les deux souhaitent ardemment devenir parents. Mission quasi impossible quand les contacts physiques sont limités à deux câlins et deux baisers par visite, selon les règles du couloir de la mort. Pourtant, en 2018, la Française tombe enceinte. « J'avais toujours dit que je ne souhaitais pas particulièrement avoir d'enfant, donc la situation d'Alan ne me privait pas sur ce plan-là. Mais lors d'une réunion familiale deux ans auparavant, j'avais fait la connaissance de ma nièce de 18 mois et ça m'a donné très envie d'avoir moi aussi un enfant avec mon mari. »

À nouvelle situation, nouveaux doutes :

« Avant de nous lancer, j'ai bien pesé le pour et le contre. Faire un enfant signifiait de fait que je serai mère célibataire, avec tout ce que ça implique : subvenir à tous ses besoins, assurer financièrement son avenir, être la seule à m'occuper de lui, etc. Je me demandais comment j'allais lui expliquer plus tard pourquoi son père était en prison. Qu'allais-je lui répondre quand il me demanderait quand papa sortirait ? Et si Alan était exécuté, serait-il traumatisé ? » s'interroge alors la jeune mariée.

À la vue d'enfants au parloir qui lui paraissaient « heureux », Sigrid choisit de devenir mère. Mais en avril 2018, à sept semaines de grossesse, elle perd l'enfant. « C'était affreux, j'étais terriblement triste, seule, totalement démunie », se rappelle-t-elle, alors dans une grande détresse.

Le temps passant et l'amour d'Alan la rassurant, elle surmonte cette douloureuse épreuve et tombe à nouveau enceinte en mai 2019, à l'âge de 38 ans.

Selon quel mode de conception ? Sigrid ne souhaite pas le révéler. « Je veux que mon fils le sache de ma bouche et de personne d'autre. Tout ce que je peux dire, c'est qu'Alan est le père légal de notre fils sur son certificat de naissance », explique-t-elle sobrement.

Une grossesse très suivie par les médecins, mais aussi par Alan et la famille de la future maman.

« Je continuais à rendre visite à Alan toutes les semaines et je lui apportais les échographies, lui racontais comment se déroulaient mes semaines. Par ailleurs, j'appelais ma mère et ma sœur après chaque rendez-vous médical pour les informer de l'état de santé de mon bébé. J'étais heureuse, amoureuse et j'allais devenir mère. »

Une seule ombre au tableau, la coupure avec le frère de Sigrid. Il n'a jamais accepté la relation de sa sœur avec un condamné à mort et les liens se sont rompus entre eux.

En octobre, après deux ans chez sa belle-mère, Sigrid emménage seule dans un appartement, prête à affronter sa future vie de maman solo.

Mais pour l'accouchement, hors de question d'être seule. « J'avais sollicité une doula[3] comme soutien moral pour m'assister. Je craignais que ce soit trop triste d'accoucher seule et je souhaitais la présence de quelqu'un pour me tenir la main. Mais pendant tout le travail, j'ai pensé à Alan. »

Le 17 janvier 2020, Søren River, en hommage à l'acteur River Phoenix, très apprécié de Sigrid, voit le jour. Elle appelle en visioconférence sa famille qui partage son bonheur à distance, puis envoie un e-mail avec une courte vidéo de trente secondes à Alan, seule possibilité pour l'informer qu'il est devenu papa.

« À sa naissance, c'était un bonheur immense. Mais dans les jours qui ont suivi, on a constaté que Søren était atteint de reflux inquiétants qui lui provoquaient des étouffements, j'ai souvent dû pratiquer les premiers secours sur lui. J'étais très inquiète. Et puis j'étais seule, loin de ma famille et de mes proches, avec un mari dans le couloir de la mort. C'était une terrible épreuve, j'étais au plus mal au point que deux semaines après la naissance, un médecin m'a prescrit des antidépresseurs. »

Mais le bonheur de voir son enfant, blondinet, dans les bras de son père lui réchauffe le cœur et apaise les angoisses et craintes de la jeune maman. « Quand il l'a vu pour la première fois, il a été instantanément gaga. Il avait un très large sourire et m'a dit : "Il est si petit !" Plus rien d'autre

3. Une personne formée et expérimentée qui apporte soutien et accompagnement moral avant, pendant et après l'accouchement.

ne comptait que son fils. Dès le premier parloir, il a tenu à lui donner le biberon, le prendre dans ses bras, le changer, comme un papa attentif. »

Alan remplit son rôle durant quelques semaines avant que le Covid ne stoppe brutalement toute visite. « Nous n'avons pas pu le voir pendant presque huit mois. Ça a été une période très dure. Je m'inquiétais beaucoup de son moral. Nous nous écrivions et nous envoyions des e-mails tous les jours. Je lui transférais aussi de courtes vidéos de notre fils pour qu'il le voie grandir, évoluer. » Des nouvelles parfois coûteuses, car il est possible aux familles de détenus de communiquer à la condition d'utiliser le système de timbres virtuels. Moyennant 25 dollars pour un carnet de 70, Sigrid peut envoyer une photo avec quatre timbres, un e-mail pour un timbre, etc., et ainsi maintenir le lien avec son mari. « J'avais aussi confectionné à mon fils un pêle-mêle de photos de nous trois et je lui parlais chaque jour de son père pour qu'il ne l'oublie pas. »

Fin 2020, les visites sont à nouveau autorisées, mais après seulement deux parloirs à Noël, celles du petit garçon sont suspendues.

« L'administration pénitentiaire n'a pas du tout accepté qu'Alan et moi formions une famille et a tout fait pour la briser. Ils m'ont demandé de fournir une preuve biologique de l'affiliation d'Alan à Søren. Or, le règlement autorise aussi une preuve légale et que je leur ai fournie. Après plusieurs semaines, notre fils a été autorisé à retourner voir son père, mais ce sont alors mes visites qui ont été supprimées jusqu'à nouvel ordre au prétexte de multiples offenses. Je n'ai fait que défendre mes droits et ceux de mon enfant, ce qui n'a visiblement pas été admis. J'ai alors pris un avocat qui s'est confronté à un mur. »

À partir de janvier 2021, Sigrid n'a donc plus accès au couloir de la mort. C'est la mère du détenu qui conduit l'enfant au parloir pour maintenir le lien entre eux.

« Je suis heureuse qu'Alan voie grandir son fils et que Søren puisse nourrir sa relation avec son père, mais de mon côté, c'est extrêmement difficile, d'autant que je n'ai aucun délai sur lequel m'appuyer, aucune date comme perspective de revoir Alan, alors que je n'ai rien fait. C'est terriblement injuste et cruel. »

Une vie au-dehors, mais pas libre pour autant.

« Je suis obsédée par mon mari, par l'envie de le revoir, le toucher, mais je suis enchaînée à sa situation et au bon vouloir du système carcéral américain. Pour ne pas trop penser et déprimer, je travaille beaucoup, et comme j'aide d'autres gens en difficultés, j'ai l'impression d'être utile, ça m'aide. Mais j'ai à l'esprit que si je ne prenais pas de traitement antidépresseur, je ne serais sans doute plus là… »

Séparé et suspendu à une exécution potentielle, à quel avenir peut prétendre le couple ?

*

* *

Laure

Son avenir, la surveillante le veut auprès de son braqueur grec, et lui, il l'envisage dehors. Alors, pour répondre à ses nombreuses sollicitations, Laure accepte de l'aider à s'évader. « Il voulait sortir, je voulais qu'il sorte, c'était aussi simple que ça. »

Christos, roi de la belle, imagine alors un plan béton, croit-il. Son objectif : retrouver la surveillante quelques jours plus tard à Lyon où il dispose d'une planque. Mais il existe un problème de taille. Ni l'un ni l'autre ne possède d'argent. Et une cavale, ça coûte cher, tous les bandits le savent.

D'ailleurs, à l'approche de la date butoir, Laure prend peur. « J'aurais préféré qu'il accepte sa peine, l'effectue et sorte par la grande porte, mais il ne veut rien entendre, regrette-t-elle. Je n'ai même pas envisagé les risques qu'on encourt. Mon fils a bien essayé de me raisonner, mais je n'entends rien. Je suis trop amoureuse. »

Depuis trois ans qu'elle fréquente le détenu, Laure a fini par se confier à son fils qui, de toute façon, avait bien remarqué l'attitude pensive de sa mère, souvent un peu ailleurs et aussi au téléphone tous les soirs. Et elle lui a parlé de cet homme de façon si convaincante et énamourée que le jeune homme, désormais majeur, accepte de lui prêter main forte, certainement peu conscient des risques encourus[4].

Le 18 juillet 2010, les amants sont prêts à mettre leur plan à exécution. En milieu d'après-midi, Laure gare son véhicule dans la forêt située derrière les murs de la prison, « à l'abri de regards », précise-t-elle. Puis, en contrebas du mur, dans un fossé, elle dépose une échelle. À une heure du matin, le jour suivant, elle prend son poste dans le mirador situé à l'angle de la prison, emplacement stratégique d'où

4. Il est difficile de décrire les relations qu'entretiennent Laure et son fils et d'expliquer comment s'est nouée, plus précisément, l'implication de ce dernier dans le plan d'évasion, car mes entretiens avec la mère de famille ont été plus courts qu'avec les autres témoins et elle n'a pas souhaité entrer plus en profondeur concernant cet aspect de sa vie.

elle a une vue circulaire sur la cour de promenade et le terrain de foot de l'établissement.

Selon le scénario convenu, Christos, détenu au quartier d'isolement, doit alors sectionner les barreaux de sa cellule avec une scie, puis les barbelés et le grillage lui permettant d'atteindre le terrain de football, qu'il doit ensuite traverser rapidement, sous l'œil attentif de Laure, pour rejoindre le mur d'enceinte ; et grimper à l'échelle que le fils de la gardienne a positionnée le long du mur. Le fugitif n'a alors plus qu'à fuir avec la voiture de la gardienne. La surveillante, de son côté, doit feindre de ne pas le voir et le laisser s'enfuir sans donner l'alerte. « Il était peu probable que ça fonctionne à moins d'avoir un gros coup de chance », admet Laure.

En effet, avant même que Christos entre en action, des promeneurs repèrent le véhicule et l'échelle, et préviennent la gendarmerie. « Mon fils a été arrêté, puis ils sont venus me chercher. J'ai répondu que ma voiture était en panne, mais ils ont pris mon téléphone portable et ils ont vite fait le lien. »

Les échanges de SMS entre elle et le détenu sont, en effet, assez explicites. Laure est aussitôt placée en garde à vue et immédiatement suspendue. « Je savais pertinemment que notre idée était vouée à l'échec. Tout ce que je souhaitais, c'était être avec lui tout le temps, à chaque seconde. Au lieu de ça, tout a volé en éclats en quelques minutes. J'ai tout perdu : mon travail, ma maison, mon homme. »

Dans la cellule de Christos, les gendarmes découvrent une lame de scie et un coupe-boulon. Après cette quatrième tentative d'évasion ratée, il est transféré dans un autre établissement, à Nancy.

Pour chacun d'eux, la séparation est déchirante, brutale et ce n'est que le début des ennuis et de conséquences judiciaires à venir.

Chapitre VI
L'avenir ensemble ?

Sonia

Déjà dix ans qu'il est incarcéré, mais il reste encore à Nathanaël plus du double de sa peine à effectuer. Une perspective bien trop lointaine à son goût, d'autant qu'il est dorénavant père de famille et souhaiterait rejoindre les siens dehors.

Première étape pour écourter ce délai : déposer une demande de réduction de sa peine administrative de sûreté[1] fixée à douze ans et demi. Puis, si elle est acceptée, solliciter un aménagement de celle-ci, c'est-à-dire des permissions de sortie progressives. Plein d'espoir, le détenu effectue donc cette démarche liminaire en 2013. C'est à cette occasion que Sonia est confrontée à un premier écueil concernant leur avenir commun.

Cette requête déclenche automatiquement une enquête et l'examen de Nathanaël par un psychiatre. Son expertise

1. Peine imposée par l'administration pénitentiaire pendant laquelle le détenu ne peut demander aucune permission de sortie.

fait froid dans le dos. Dans son rapport, le médecin décrit Nathanaël comme un être « narcissique et manipulateur », « éminemment égocentrique ». « Il n'y a pas chez lui de regret ou de remords. Il est froid et calculateur », ajoute l'expert. Il note, en sus, que le détenu n'a pas évolué depuis le début de son incarcération, mais aussi qu'« au vu de sa personnalité, on ne peut exclure le fait qu'il a séduit une fonctionnaire de l'administration pénitentiaire, lui a fait un enfant dans le but de pouvoir demander une réduction de la peine administrative de sûreté ».

La Cour, en charge d'étudier la demande du criminel, ajoute que l'homme ne présente pas toutes les garanties de bonne volonté : son « implication dans l'indemnisation des victimes demeure faible », il « ne s'est inscrit dans aucun processus professionnel » et manque « d'engagement dans un véritable travail thérapeutique ». La demande du détenu est, en conséquence, rejetée. Une décision confirmée en appel.

À la lecture de ce jugement, Sonia est déçue et effrayée à la fois. « Nous étions un couple et une famille heureuse. Je m'étais imaginé notre vie après sa libération. Je rêvais d'aller au restaurant, au cinéma avec lui comme tous les couples le font. Des choses simples auxquelles nous n'avions pas droit. Je souhaitais une vie tranquille, sans tracas. Là, tout était repoussé. Il fallait attendre deux ans et demi.

Concernant l'expertise, je savais qu'il avait cette face sombre, même si j'espérais qu'avec le temps et notre relation, il ait changé. Mais apprendre qu'il aurait pu me manipuler pour sortir plus vite a été un électrochoc. Je me suis alors rappelé ce que j'avais pu lire dans son dossier carcéral, qu'il avait tenté d'étrangler son ex-compagne. Tout ça m'a fait peur », réalise l'ex-surveillante.

Lorsqu'elle s'épanche auprès de son mari, il balaie d'un revers de main ces observations, selon lui infondées. « Il m'a rassurée, comme toujours. Sa précédente petite amie l'avait poussé à bout, c'est pourquoi il avait eu de mauvais gestes, et l'expert était contre lui. Il m'aimait sincèrement. Je le croyais, même s'il est possible d'aimer quelqu'un tout en y voyant son intérêt… »

Mais ce refus génère chez Nathanaël une frustration teintée de colère qu'il commence à décharger sur sa femme.

« Il s'en prenait à moi, parce qu'il ne pouvait pas s'en prendre aux autres, mais il se trompait d'ennemi. Il a commencé à se montrer désagréable, à me rabaisser. Il critiquait mes tenues, trop moulantes, même quand je portais un jogging. Puis il me faisait remarquer que j'avais grossi et qu'il serait bien que je fasse un régime. Que je devrais changer d'amis, parce qu'ils ne l'aimaient pas, et que donc ils n'étaient pas des gens de valeur. Et c'est allé de pire en pire. »

Puis, sans en connaître la raison, Sonia apprend que son mari est transféré à quatre-vingts kilomètres de chez elle, dans un autre établissement qui ne comporte pas d'UVF (unité de vie familiale). Il n'est alors plus possible au couple de se retrouver quelques heures ensemble dans un appartement, comme il pouvait le faire jusqu'à présent. Moments pourtant nécessaires pour maintenir les liens qui se distendent entre eux chaque jour un peu plus. À regret, les époux réitèrent l'amour fugace au parloir lorsqu'ils le peuvent, car Sonia alterne ses moments de couple et les parloirs en famille avec leur fille, née sept mois plus tôt. Une source de conflit entre eux, Nathanaël ressentant un manque d'intimité avec sa femme : « Il me reprochait de ne plus être une épouse, mais uniquement une mère. Pourtant, je continuais à être une femme, je portais des dessous sexy et nous avions des rapports réguliers. »

Heureusement, chez elle, Sonia est dans une bulle, en osmose avec son enfant. Une fillette douce représentant tout pour elle. « Elle ne pleurait jamais. Elle a toujours eu un caractère facile, comme si elle voulait me faciliter la tâche », remarque l'ex-surveillante.

En mars 2014, l'irritabilité du détenu allant crescendo et les tensions se multipliant, Sonia ressent le besoin de faire le point avec lui par écrit. Un bilan en demi-teinte dans lequel elle livre ses doutes et conclut par « Suis-je heureuse? Parfois, je me le demande. »

Avec des hauts et des bas, une année s'écoule. Puis Nathanaël est à nouveau transféré ailleurs, à cent cinquante kilomètres de son épouse, mais avec la possibilité de retrouver à nouveau des moments d'intimité dans un secteur familial de la prison. Malgré tout, l'exaspération du détenu s'accentue, la violence de ses mots aussi, si bien que Sonia lui rend visite à reculons.

« Il me dénigrait, mais je ne disais rien. Je fuyais le conflit. Parfois j'avais peur d'aller au parloir, mais je le cachais. J'avais peur d'être avec lui et peur de me séparer de lui. Et puis je l'aimais encore. Je ne voulais pas tout arrêter après tous les sacrifices et efforts que j'avais faits – perdre mon travail, déménager, faire des allers-retours sans arrêt, les nuits d'hôtel, les milliers de kilomètres, les heures de patience à attendre un parloir, etc. Moi aussi, j'étais en quelque sorte prisonnière, mais différemment de lui. »

Mais un événement va définitivement sceller le sort de leur couple, dorénavant en perdition.

« Je l'ai quitté en juillet 2016 après un UVF qui m'a marquée. Alors que nous dormions, Lili est venue se blottir entre nous deux à 6 h 30 du matin et là, il a mal réagi. Il s'est mis à crier et l'a accusée de vouloir se mettre entre nous pour nous séparer, alors qu'elle n'avait que 4 ans. Je n'ai rien dit, mais dans mon esprit, c'était la goutte d'eau en trop. On ne touche pas à mon enfant. »

Quelques jours plus tard, Sonia annonce sa décision par message à Nathanaël.

« J'ai pris mon courage à deux mains et je lui ai écrit. Les premiers temps, il était terriblement triste, très malheureux. Il me suppliait de changer d'avis dans ses lettres, mais comme cela ne fonctionnait pas, il est devenu menaçant. »

« Tu vas voir ce que c'est qu'un homme qui a tout perdu qui a plus d'avenir (*sic*) et plus rien à perdre même au fond de ma cellule et sans portable. Et des gens vont souffrir à cause de toi, crois moi. [...] Pour de vrai, cette fois tu vas voir ce que c'est un pétage de câble », lui envoie Nathanaël.

« Durant deux ans, j'ai vécu l'enfer. Il me harcelait par message, par téléphone. Il me menaçait de mort. Je vivais dans la crainte permanente. J'avais même fait installer une alarme au cas où. »

« T'as 15 jours pour m'envoyer ma fille, sinon je t'envoie du monde (*sic*) », indique le procès-verbal de plainte sur retranscription des appels du détenu. « Si tu veux aller au tribunal, on va sauter la case correctionnelle et on ira directement aux assises, si c'est ce que tu veux. » « Tu peux prévenir qui tu veux, t'es morte ma douce », écrit-il encore.

« Il refusait que quelqu'un d'autre que moi lui amène notre fille au parloir. Mais moi, je ne voulais plus le voir, j'avais trop peur. Au bout de six mois, on a mis en place un système de visite via une association dont les bénévoles se chargeaient d'aller au parloir avec elle. »

Mais les menaces perdurent et prennent une autre forme. « Il m'interdisait de me mettre en couple avec quelqu'un, pour préserver notre fille, disait-il, alors j'avais des relations cachées. L'une d'elles aurait pu fonctionner. Il était policier et ça devenait sérieux, alors je lui ai raconté toute mon histoire et les menaces de Nathanaël. Ça lui a fait peur et il m'a quittée. J'étais très déçue et inquiète, car j'avais le sentiment que je ne rencontrerais plus jamais personne. »

Malgré tout, en février 2017, Sonia croise la route d'un homme qui ne prend pas la fuite. Sans doute portée par ce soutien, elle trouve le courage de rompre définitivement avec son mari et demande le divorce à l'été 2017, déclenchant la colère de Nathanaël. « Il me disait qu'il avait trouvé quelqu'un pour me tirer une balle dans la tête. Je regardais partout en sortant de chez moi, au travail, j'avais l'impression d'être suivie. Une fois, je suis partie de chez moi en catastrophe parce qu'il me disait par message que quelqu'un rôdait. C'était invivable. »

Pour ce harcèlement mortifère, il écope, en septembre 2018, de dix mois de détention supplémentaire à quelques jours du prononcé de leur divorce.

Ces deux évènements conjoints calment les velléités du détenu. « Il a compris que je ne reviendrais pas. Et les choses se sont tassées… »

Un avenir très différent de celui initialement envisagé s'ouvre alors à l'ex-gardienne. Plus stable, plus calme et plus paisible auprès de son enfant et de son nouveau compagnon.

*
* *

Claudine

Une quête que Claudine poursuit, pour sa part, séparée de son fiancé depuis deux ans avec l'échéance proche de leurs retrouvailles.

Mais Omicron, un nouveau variant du Covid, est en France et menace cette perspective si attendue. La rumeur indique, en effet, qu'un nouveau confinement pourrait se profiler. Anticipant tout nouveau blocage, la mère de famille change ses billets d'avion, programmés à l'origine pour le mois de janvier, et s'envole pour la Floride le 6 décembre 2021. « Je ne pouvais pas rendre visite à Ronnie avant le 13 janvier (date jusqu'à laquelle les visites du condamné à mort sont suspendues), mais c'était ça ou je risquais de ne plus le voir du tout et pendant un temps encore incertain. Je ne l'aurais pas supporté », affirme la flamboyante blonde, qui fait le sacrifice de se séparer plusieurs semaines de ses enfants.

« Je leur ai expliqué le risque qui existait et ils ont compris. Ils ont bien vu la crise que j'ai traversée durant deux ans, même si j'ai tout fait pour les préserver. J'ai beaucoup pleuré en partant, car c'était la première fois que je me séparais d'eux aussi longtemps, mais je les laissais à mon père qui s'occupe très bien d'eux. »

Pour que le temps s'écoule plus vite, durant ses soixante-dix-sept jours aux États-Unis, la mère de famille a pris soin de remplir un calendrier personnalisé à sa progéniture. « J'ai marqué des croix pour rythmer mon absence et leur donner des échéances. Comme chaque mercredi, ils suivent des cours de poney, nous comptons les semaines en poneys, ça passe plus vite pour eux et c'est ludique. » Outre-Atlantique, elle fait envoyer des cadeaux de Noël à ses petits et les appelle tous les soirs. Seule à plus de sept mille kilomètres des siens pendant les fêtes, Claudine a pourtant la certitude d'être à sa place. « C'est étrange d'être sans sa famille à ce moment de l'année, surtout quand on est mère de quatre enfants, mais c'est le prix à payer et je l'accepte. »

Sans pouvoir revoir son compagnon pendant un mois, Claudine en profite pour poser les bases de sa future vie aux États-Unis, comme en a décidé le couple pendant le confinement. En effet, durant cette période très éprouvante pour tous les deux, Ronnie a lancé l'idée d'un rapprochement plus pérenne entre eux. « Que penserais-tu de t'installer aux États-Unis, tout près de moi ? », lance-t-il un jour à sa fiancée.

« Sur le moment, cette idée m'a paru insurmontable et irréalisable, seule avec quatre enfants à charge. » Mais l'idée fait son chemin. Et ce moment seule sur place lui permet alors de confronter les informations qu'elle a déjà glanées sur Internet. « Je me renseigne sur les conditions d'admission dans les écoles, le prix des études, mais aussi des loyers et la sécurité suivant les quartiers. »

Claudine prévoit alors de s'établir dans une maison située dans un quartier sécurisé disposant d'écoles de bon niveau, à environ trente kilomètres de la prison de Raiford. Mais avant cela, le couple doit obtenir la validation de leur mariage et Claudine, l'obtention de son visa.

Compte tenu du contretemps lié à la sanction infligée à Ronnie, ils ont opté pour un mariage administratif, sans cérémonie. Deux signatures sur un acte notarié qu'un juge doit valider. « Je ne regrette pas, vu le contexte. Ça aurait duré trente minutes, sans aucun romantisme, sans véritable robe de mariée, puisqu'il y a tout un tas de contraintes vestimentaires. L'essentiel est que notre union soit officielle et notre engagement, sincère. »

Leurs retrouvailles semblent en attester. « Avant même de nous embrasser, nous nous sommes serrés longuement dans les bras. C'était comme si nous ne nous étions jamais quittés et en même temps, c'était cent fois plus intense qu'au dernier parloir, deux ans auparavant. »

Quelques jours plus tard, le 24 janvier, la Française est informée de l'officialisation de leur mariage. Elle enregistre aussitôt une vidéo à l'attention de Ronnie pour l'en informer et lui livre tout son amour. Une union qui a permis à Claudine de déposer une demande officielle de visa la rapprochant un peu plus de son départ pour les États-Unis.

Une étape cruciale qu'elle attend impatiemment. « En réalité, dans ma tête, je suis déjà partie. J'ai pris mes marques et je me sens bien. Les gens ici sont plus joviaux, positifs et je me sens moins jugée aussi. »

*

* *

Françoise

Après avoir trouvé le courage de demander le divorce, Françoise se réjouit de vivre enfin son idylle au grand jour avec Claude, mais celui-ci obtient sa mutation à Nice à la fin de l'année 1976, obligeant le couple à se séparer à nouveau. « Ce fut notre dernier éloignement, mais le plus difficile, car nous avions goûté à la vie ensemble. C'était terrible de ne pouvoir que se téléphoner et se manquer autant. » Dans l'attente d'obtenir, elle aussi, un transfert professionnel sur la Côte d'Azur, elle passe un hiver des plus mornes à Paris.

En février 1977, c'est la délivrance. Elle obtient le feu vert pour rejoindre son homme. Elle descend toutes ses affaires et celles de sa fille le temps d'un week-end et s'installe enfin auprès de Claude.

Sous le soleil de la Riviera, le couple rattrape le temps perdu et n'envisage plus de se quitter à nouveau. Françoise n'a d'yeux que pour lui. L'ex-braqueur ne vit que pour elle. Chacun, sorti de sa prison respective, vit pleinement ce bonheur inespéré. « Je ne me posais aucune question, je profitais seulement de cette vie si belle et heureuse. Nous gagnions bien notre vie et sortions beaucoup, ma fille prenait des cours d'équitation, lui d'aviation. On s'est vite fait des amis. Ça a été un début de vie de couple flamboyant. Une vraie course après les plaisirs de la vie. »

Emporté par cette exaltante liberté, Claude fait découvrir à Françoise une vie de cocagne totalement méconnue, elle qui, à la vingtaine, envisageait de devenir religieuse. « Après onze années en détention, Claude avait une soif de vivre incroyable. Moi qui avais eu une vie si cadrée et ennuyeuse auparavant, j'étais aspirée dans un véritable tourbillon. J'ai pris dix kilos tellement nous sortions au restaurant ! »

Dans cette frénésie, le couple apprend à se connaître aussi. Tous les deux n'ont jamais véritablement vécu ensemble. Et pour l'époque, c'est assez peu conventionnel. Pas de période de premières fréquentations, ni de présentation aux parents, pas plus que de fiançailles en amont d'un mariage.

Rien d'étonnant, leur histoire étant si peu conventionnelle depuis ses débuts.

D'ailleurs les parents de Françoise apprendront de façon totalement inopinée la nouvelle relation de leur fille. Un peu échaudés par son divorce, ils se décident un jour à lui rendre visite à Nice pour se rendre compte de sa nouvelle vie.

« Ils ignoraient que je vivais avec Claude, tout comme son passé. Lorsque ma mère a su, elle s'est glacée et a fait le tour des orphelinats de la région. Le soir même, elle m'a donné la liste des établissements pour y placer ma fille. Elle ne voulait pas que "j'expose" mon enfant à cet homme. Je n'ai pas relevé et nous n'en avons plus jamais parlé. »

D'autant que la fillette de 7 ans semble s'épanouir aux côtés de cet homme incarnant la figure paternelle, lui qui a été privé de ce rôle avec son fils. Le couple tente alors de concevoir un bébé, mais la nature semble en décider autrement. « Cela n'a pas fonctionné, on n'a jamais su pourquoi. Mais finalement, c'est tant mieux, car nous avons connu de gros problèmes financiers. Il aurait été compliqué et stressant d'élever un autre enfant dans ces conditions. »

En effet, les huissiers toquent parfois à la porte du couple, car Claude perd régulièrement son travail. En cause, son passé de braqueur qui ressurgit bien malgré lui.

Environ trois ans après leur installation dans le Sud, Claude est arrêté et suspecté de trafic de drogue. « Il avait laissé sa voiture garée à l'aéroport plusieurs jours, et il possédait le même modèle que l'homme recherché par la police. Compte tenu de ses antécédents, ils l'ont placé en garde à vue. »

Inquiète, Françoise craint d'être à nouveau séparée de son compagnon. « Quand il était sorti de prison, les gardiens lui avaient dit : “Tu verras, tu replongeras!” mais Claude faisait tout pour éviter cela. Il travaillait et menait une vie de famille tranquille. »

Pourtant les tentations sont bien présentes et ses anciennes relations jamais bien loin.

« Dès qu'il a mis un pied dehors, ses complices ont tenté de l'entraîner à nouveau dans des braquages, des coups. Un jour, il en a croisé un dans une station-service, ce n'était probablement pas un hasard, d'ailleurs. Il lui a dit que c'était terminé, d'autant qu'il savait que la police pouvait les surveiller et il ne voulait plus du tout être mêlé à ce qu'ils pouvaient encore faire. »

Une sage précaution, car régulièrement, pendant près de dix ans, la police sera aux trousses de Claude dès qu'un braquage, une affaire de grand banditisme ou de proxénétisme surgira. « Ils étaient tout le temps sur son dos, à l'affût de la moindre erreur pour le faire accuser », déplore l'infirmière. Claude est même réincarcéré quelques jours. Et Françoise placée en garde à vue pour la première fois de sa vie.

« Ils m'ont gardée vingt-quatre heures. Ils ont pris mes empreintes et m'ont placée en cellule avec un mouton en espérant que je lui donne des informations sur Claude. Puis ils m'ont interrogée. Ils ont haussé le ton pour m'impressionner et me faire avouer des choses, mais je n'avais rien à dire puisque Claude n'avait rien fait et donc rien à se reprocher. Ça les a agacés et je me souviens encore d'une remarque de l'un d'eux : “Ce n'est pas la peine de rester avec ce type pour le cul!” sous-entendant que je méritais mieux. »

Un baptême du feu mouvementé pour l'infirmière, qui n'avait jamais eu affaire à la police. « J'étais prête à tout supporter, les gardes à vue, les remarques, tant que je savais que Claude n'avait rien fait. L'essentiel était la confiance réciproque que nous avions », assure-t-elle.

Malgré tout, ces suspicions régulières et les arrestations anarchiques sur leurs lieux de travail respectifs ont des conséquences. Si bien qu'elles créent quelques tensions et dissensions dans leur couple. En 1990, Françoise, en colère, brûle toute leur correspondance échangée en prison à leurs débuts. Claude parvient à apaiser les choses, comme souvent, et le couple parvient à affronter ces difficultés.

*
* *

Hélène

Mariée depuis près de sept ans avec celui qu'elle a jugé neuf ans plus tôt, l'ex-jurée n'a jamais regretté son choix, ni son union. Parents de trois enfants dont Hélène s'occupe à plein temps, tandis qu'Ismaël travaille toujours en poissonnerie, ils savourent les bonheurs simples d'une vie de famille normale, presque banale.

Mais un dimanche d'août 2015, les démons de l'ancien braqueur le rattrapent, impliquant aussi toute la famille qu'il a constituée depuis. Une quinzaine de policiers cagoulés se présentent devant le domicile du couple pour le perquisitionner. « Ils m'ont dit que mon mari était à la tête d'un trafic de drogue, de l'héroïne, et qu'il risquait dix ans de prison. Je m'en souviendrai toute ma vie. » Ismaël est arrêté. Hélène accuse le coup.

« Il fréquentait toujours quelques anciens copains à qui il donnait des conseils pour revendre leur marchandise, mais il n'avait jamais ni acheté, ni transporté de drogue. Pour moi, ce n'était pas méchant. Mais à ce moment-là, je lui en voulais terriblement de me faire revivre cette situation, d'autant que nous n'étions plus seuls, les enfants avaient vu les menottes, la police, et leur père entouré de quatre malabars. »

Pourtant, dès les débuts de leur histoire, Hélène avait tenu à clarifier les choses entre eux. « Il y a deux options : soit tu veux des enfants et il faut adopter l'attitude responsable qui va avec, soit tu veux continuer à braquer, on se la joue *Bonnie and Clyde*, mais sans famille », lui avait spécifié la jeune femme. « D'où ma colère contre lui quand il se fait arrêter. On avait un accord qu'il n'avait pas respecté. »

À l'issue de sa garde à vue, il est placé en détention préventive à Épinal, à deux heures de route d'Hélène, qui doit à nouveau replonger dans l'univers carcéral. « Redemander un permis de visite, faire les trajets, entrer à nouveau dans un parloir. J'étais déprimée, inquiète par la durée incertaine de son incarcération, sans date de procès, et je me sentais blessée, trahie par ce qu'il avait fait. »

Désemparée, Hélène se remémore les remarques et avertissements de certains membres de sa famille. « Je me suis dit que les plus récalcitrants à notre union, ceux qui m'avaient dit : "Tu vas voir, il va recommencer" avaient raison. »

Dans l'adversité, elle se concentre sur ses enfants, qu'elle souhaite à tout prix protéger. « Je veille sur eux comme une lionne et guette le moindre tracas ou traumatisme. Mais je vais mal. Je ne m'alimente plus, je ne dors plus. Je suis un zombie. » Après quelques jours de sidération, elle rationalise la situation et s'adapte au mieux à cette épreuve.

Elle déménage alors avec les enfants à côté de la prison pour être au plus près d'Ismaël. « Ce n'était pas gérable de faire quatre heures de voiture pour quarante-cinq minutes de parloir. » Là-bas, elle dégote un logement social des années 1960 à loyer modéré et un emploi à la mairie de la ville.

Elle a aussi prévenu l'école, les instituteurs de la situation, mais en dehors de ce cadre précis, elle ne parle jamais de son mari, pour éviter d'avoir à mentir et surtout préserver ses enfants. « C'est une chose d'être une épouse de taulard, mais c'en est une autre d'être un enfant de prisonnier. Ils sont généralement brimés, harcelés à l'école et je ne veux pas qu'ils subissent ça. »

Hélène fait front et se mue en chef de famille.

« D'un côté je porte Ismaël, je m'occupe de son linge, des parloirs, des rendez-vous avec son avocate. De l'autre, je m'occupe de nos enfants et les console de l'absence de leur père. Je leur explique qu'il a fait une bêtise et qu'il est puni en prison. J'essaie de transformer cette épreuve en quelque chose d'éducatif. Je leur fais comprendre que lorsqu'on fait quelque chose de grave, on est sanctionné. Mon aîné est assez impacté. Il est parfois agressif, parfois démoralisé. Je fais donc appel à une psychologue pour l'aider. Cette vie quotidienne me rattrape et m'évite de trop réfléchir. J'ai beaucoup de pression sur les épaules, mais j'avance. Je me découvre une force intérieure et des capacités que je ne soupçonnais pas. »

Les parents de la jeune femme sont d'un grand soutien, même si eux aussi ont été abasourdis par l'arrestation d'Ismaël. « Ils sont assez abattus et déçus, mais ils font bloc autour de nous. Ils sont très présents pour les enfants et un lien indéfectible se crée entre eux. »

À nouveau derrière les barreaux, l'ex-braqueur traverse une première période de déprime. « Il n'imaginait pas que son rôle, plutôt minime, le reconduirait en prison. » Confus pour son épouse et ses enfants, il s'excuse à de multiples reprises par écrit et de vive voix. « Je lui dis que c'est une bonne leçon et qu'il doit changer. Ça ne doit absolument pas se reproduire. »

Au bout de sept mois d'incarcération, il est à nouveau dehors. Son avocate a obtenu sa libération et a apaisé les craintes d'Hélène. « Le trafic international dont Ismaël était soi-disant le cerveau n'est en réalité qu'une vente d'un kilo d'héroïne dont mon mari n'a jamais vu la couleur », explique-t-elle.

Reste à persuader le tribunal en charge de le juger au début de l'année 2017. Visiblement convaincant, Ismaël est condamné à vingt mois de détention aménageables grâce au port d'un bracelet électronique. Il ne retourne donc pas en prison.

Quelques jours plus tard, la famille quitte l'est de la France pour la ville de Montpellier. « Une région que nous aimions depuis longtemps et où nous souhaitions prendre un nouveau départ. »

Premier symbole de cette nouvelle vie, la famille accueille, en octobre, un dernier petit garçon qui vient compléter la famille idéale qu'ils imaginaient. Plus rien désormais ne semble pouvoir leur barrer la route.

Pourtant, Ismaël, qui a obtenu un brevet professionnel en boulangerie, métier qu'il affectionne et souhaite exercer, rencontre des difficultés pour mener à bien son projet d'ouverture de boutique. « On a monté plusieurs dossiers pour créer une boulangerie, mais les banques ne nous ont pas suivis. On a constaté que c'est très compliqué d'entreprendre, en France. »

Par ailleurs, Hélène ne parvient pas à trouver d'emploi satisfaisant. « Il n'y avait pas de poste intéressant, ou alors mal payé et peu reconnu. »

En 2019, le père d'Ismaël décède et lègue à son fils une maison ainsi que des terres à l'étranger. C'est une opportunité pour la famille de tenter l'aventure ailleurs et de laisser définitivement derrière eux le passé de l'ex-détenu.

Installés de l'autre côté de la Méditerranée depuis deux ans, ils ont trouvé une stabilité et une sérénité. « Aujourd'hui la prison n'est plus un sujet, on n'en parle pas et les enfants non plus. C'est presque comme si tout ça n'avait jamais existé. »

*
* *

Agnès

La prison est, *a contrario*, encore bien présente dans la vie de l'ex-surveillante et de son époux encore incarcéré, mais la liberté approche à grands pas.

Désormais tout près de sa famille, Gabriel bénéficie d'UVF, unité de vie familiale. Un appartement à l'intérieur de la prison dans lequel il peut recevoir ses proches et passer du temps avec eux. La première fois, six heures leur sont autorisées. « C'est un bon moment, plus long qu'un simple parloir et dans un bel appartement avec une terrasse. Les enfants sont heureux de partager plus de temps avec Gabriel. Moi, je surveille constamment l'heure, car le temps défile bien trop vite. »

Puis, à raison d'une visite familiale de ce type environ tous les trois mois, l'ex-surveillante, le détenu et les deux enfants se retrouvent vingt-quatre heures la fois suivante.

« On peut enfin passer du temps ensemble, regarder un film tous les deux dans les bras l'un de l'autre, une soirée classique, mais tellement exceptionnelle pour nous. Pour notre premier dîner, nous avons préparé des pizzas tous les quatre, un moment de partage comme tant de familles peuvent le faire à l'extérieur. C'est un très bon souvenir. Le temps est un peu suspendu, on n'a pas le sentiment d'être en détention, mais dans notre petit cocon. Gabriel s'occupe beaucoup de notre petit dernier. Je n'ai pas eu besoin de lui expliquer longtemps comment le changer, le nourrir, il savait faire et avait envie de le faire. Il cuisine aussi pour nous. Un vrai homme au foyer ! Je vois, même si je le sais déjà, que je pourrai compter sur lui dehors. »

Cette intimité temporaire est aussi l'occasion pour les époux de vivre charnellement leur amour. Car jusqu'à présent, une seule relation intime au parloir leur a été possible suite à laquelle Agnès était tombée enceinte. « Je suis à la fois impatiente et pleine d'appréhension. Cela fait tellement longtemps que je n'avais pas eu quelqu'un dans mon lit et lui aussi, bien entendu. On a hâte, malgré tout. »

Quelques semaines plus tard, Noël se profile, il leur est donc accordé un week-end de trois jours dans l'enceinte du centre pénitentiaire. Pour l'occasion, l'appartement octroyé est orné du traditionnel sapin et le frigidaire garni des victuailles commandées par Gabriel auprès de l'administration pénitentiaire. Agnès a été autorisée à entrer des cadeaux pour les enfants et son mari. Des conditions optimales, compte tenu du contexte, pour passer de réjouissantes fêtes. « Je me sens bien. Cette fois-ci, je n'ai pas fait l'erreur de prendre une montre avec moi pour apprécier le temps que nous avons ensemble et ne pas guetter la fin de ces bons moments. »

Inéluctable, elle arrive trop tôt au goût du couple et des enfants, mais dans la progression logique d'une réinsertion, viennent s'ajouter les permissions de sortie, elles aussi progressives.

Six heures, la première fois, au printemps 2015.

« Il faisait très beau ce jour-là, se remémore Agnès. Dans la matinée nous avons fait un peu de shopping, puis nous avons accompagné le petit dernier faire son premier tour de manège. C'était émouvant. Pour le déjeuner, on est allé au restaurant, car Gabriel avait très envie d'une côte de bœuf avec des frites, son plat préféré, et une bière. Des choses auxquelles il n'a pas droit en détention. »

La courte échappée se termine par un moment entre Gabriel et le fils aîné d'Agnès au stade à jouer au football. Le garçon a visiblement adopté son beau-père qu'il nomme dorénavant « papa ».

« J'ai le sentiment qu'on a fait ça tous les dimanches tellement c'est naturel, fluide. Gabriel n'est pas du tout déstabilisé, c'est comme s'il n'avait jamais été incarcéré. La prison ne l'a pas déconnecté de la réalité malgré les années. Il m'a d'ailleurs toujours dit qu'il avait fait en sorte de ne jamais s'habituer à la prison, car la vie est dehors. Et je suppose que lorsqu'on a une famille à l'extérieur, ça aide à rester en phase avec ce qui s'y passe. »

Le retour à l'âpre réalité carcérale est un crève-cœur, particulièrement pour les enfants.

« Ils ressentent de la colère et la retournent contre moi. Ce sont des moments difficiles que je redoute. Je commence à comprendre pourquoi certains ne rentrent pas le soir à la prison et préfèrent rester avec leur famille. On nous offre quelques heures de bonheur, puis on nous l'enlève brutalement. C'est terrible. »

Mais ce premier SAS de respiration augure d'une sortie très proche et regonfle Agnès d'espoir et de courage. « Ça sent la fin et je suis impatiente qu'on puisse être ensemble tout le temps, libres de faire tout ce dont nous avons envie. »

Une deuxième permission, de vingt-quatre heures cette fois-ci, leur permet de tester la vie de couple et en famille dans la réalité, révélant ainsi ce dont ils ont été privés depuis des années.

Ils s'accordent alors un déjeuner au restaurant et apprécient leur premier dîner en famille sous le même toit de leur maison, en région parisienne. Une première nuit de totale liberté et un petit déjeuner comme toutes les familles, unis autour d'une même table, avant de reconduire Gabriel en détention. « Dans la voiture, au retour, c'est très difficile de savoir qu'on va à nouveau être séparés, alors on fait des photos tous les quatre. » Instants fugaces captés dans l'attente de la libération définitive.

D'ici là, la routine des parloirs reprend son cours, mais depuis peu Gabriel est détenu dans un nouveau centre pénitentiaire, tout près de sa femme, et dans lequel l'ambiance est oppressante. « Il y avait beaucoup de pédophiles dans cet établissement, je n'étais pas à l'aise quand j'y emmenais les enfants. J'y allais avec la boule au ventre. C'était glauque, délabré et insalubre. Sans aucune intimité, ni UVF. Un vrai retour en arrière », regrette Agnès.

La patience venant à bout de tout, comme le dit l'adage, les efforts et sacrifices de l'ex-surveillante sont bientôt récompensés.

En 2017, son mari est admis en centre de semi-liberté. Dernière étape vers la sortie et nouveau régime auquel il s'adapte très rapidement. Chaque matin, il se rend au travail avec une voiture que le couple a récemment acquise et rejoint la prison en fin de journée pour y dormir. Une façon de réintégrer les codes du travail et se réapproprier les règles de vie du monde extérieur. « Il s'était inscrit dans une agence d'Intérim et dès la première annonce, il a été pris. Il est magasinier dans un entrepôt. Il est travailleur, et ça lui plaît », explique son épouse.

Fidèle à son tempérament indépendant et à sa discrétion, le détenu lie peu de contacts avec les autres employés qui ignorent tout de son passé. Les week-ends, il les passe auprès d'Agnès et des enfants, et renoue avec l'extérieur en douceur.

« Il s'adapte très vite à ce rythme et apprend à utiliser le GPS de la voiture immédiatement. Il repère bien la route et se débrouille. Même moi, je ne suis pas aussi à l'aise que lui. La seule petite chose avec laquelle il est gêné, c'est pour s'adresser aux commerçants. Il m'envoie chercher ses cigarettes, par exemple, il préfère. Pour moi, cette semi-liberté est l'étape la plus importante. C'est un vent de liberté qui commence à souffler. Je me dis que le pire est passé et le meilleur reste à venir, comme dit le proverbe. J'ai même du mal à y croire. On attendait ce moment depuis tant d'années. »

L'année suivante, le détenu sort définitivement, et très simplement.

« Je suis allée le chercher devant la prison, il a chargé ses deux cartons dans la voiture, a caressé le chien, un malinois que nous avions adopté quelques mois plus tôt et on est rentrés à la maison. Bizarrement, ce n'est pas le jour qui m'a le plus marquée, car on est déjà habitués à vivre ensemble les week-ends depuis plusieurs mois. »

En revanche, il faut désormais faire une place pérenne à Gabriel dans la vie bien huilée de sa femme, et rythmée selon ses habitudes. « Je décide et gère tout depuis des années, c'est difficile pour moi de lui laisser du terrain. En fait, c'est plus compliqué pour moi de reprendre de nouvelles habitudes que pour lui. »

Gabriel se sent dans la maison comme chez lui, d'autant qu'il a repeint quelques pièces à son goût, la cuisine en rouge, la chambre en beige clair. De son incarcération passée, il n'en reste presque pas de traces, si ce ne sont quelques réflexes parfois étonnants.

« Comme il avait peu de choses en prison, un ustensile ou objet pouvait servir à plusieurs usages. Il lui arrive donc par exemple d'utiliser un moule à gâteau comme plat à rôtir. Rapidement, j'ai aussi vite compris que je n'aurais plus le choix du programme télé. En prison, il s'endormait avec, il en a besoin. Je me suis donc adaptée et habituée à regarder des films de super-héros comme les *Avengers*, des films policiers, etc. En revanche, on aime tous les deux visionner les émissions de faits divers, comme *Faites entrer l'accusé*. Parfois, on revoit des gens qu'on a connus en détention, d'ailleurs ! Autre chose à laquelle j'ai dû me faire, ce sont les animaux. Gabriel les adore, alors que moi je n'ai pas du tout le même *feeling*. Il faut le voir avec un chaton dans les mains, il est doux comme un agneau ! »

Agnès n'a jamais douté qu'une fois dehors leur relation perdurerait. Dès les premiers jours, il leur faut tout de même opérer quelques réglages pour coordonner leurs habitudes et tempéraments.

« Au début, quand j'allais marcher pendant une heure, il s'inquiétait et se demandait si je n'étais pas au téléphone avec un amant. De son côté, Gabriel partait aussi parfois deux heures pour chercher du pain, donc ça me questionnait. Et puis, on a fini par comprendre que nous avions tous les deux besoin d'être seuls par moments, parce que nous avons des caractères très indépendants et cela ne remet pas du tout en cause nos sentiments l'un pour l'autre. »

Aujourd'hui, douze ans après leur rencontre, ils forment un couple et une famille unie avec le fils aîné d'Agnès et leur fils à eux.

Si la détention est acquittée et déjà loin derrière, le crime commis se rappelle à lui chaque mois lorsqu'il rembourse les parties civiles, c'est-à-dire la famille de son ex-compagne. Une somme de 120 000 euros dont il a versé environ la moitié.

*

* *

Chloé

Entre Chloé et Loïc, il n'y a en revanche pas de dette, ni d'avenir.

Eux qui s'imaginaient vivre heureux dans une ferme, entourés de leurs enfants et d'animaux, n'ont désormais plus aucun projet ensemble. « Ce dernier séjour à l'extérieur a été une désillusion totale. La situation a complètement vrillé et je me sens responsable. Habituellement, je suis quelqu'un de solide, mais là, à l'évidence, je me suis fait complètement bouffer. Je dois me retrouver et pour ça, je dois le quitter. »

En octobre 2018, l'ex-professeure bénévole rompt avec son ancien élève. « Il s'effondre en pleurs. Il me reproche d'anéantir son avenir, ses projets, puis se reprend et entre dans une colère noire. »

Les jours et semaines suivants, Loïc devient harcelant. « Il passait des appels incessants de la prison sur mon portable. J'ai bloqué son numéro, mais il a utilisé un autre téléphone. C'était très angoissant. »

Lors de ses conversations, l'ex-compagnon oscille entre colère et supplication. Il l'insulte, la menace, puis s'excuse. « Suivant les jours, il me dit "Je te retrouverai, tu verras ce que je vous ferai, à toi et ton fils." Puis la fois suivante : "J'ai dit ça, mais j'étais en colère, je ne te ferai jamais de mal, tu le sais." »

Entre crainte et culpabilité, Chloé tente de faire face : « Je ne sais plus quoi penser, je me sens oppressée psychologiquement, comme dans un étau. Il me dit qu'il est malheureux, qu'il regrette et me demande une dernière chance. Puis il me fait culpabiliser : "Tu te rends compte, tu m'as donné de l'espoir, laissé croire à une vie avec toi à l'extérieur et là tu me laisses tomber, tout s'effondre", m'explique-t-il. Certains jours, il menace aussi de se suicider. Il me fait passer pour une mauvaise personne, je ne sais plus qui je suis vraiment, moi qui ai toujours souhaité faire le bien, tendre la main aux autres. Il joue avec tous les ressorts possibles et ça fonctionne. Je suis perdue. »

Face aux menaces inquiétantes du détenu, son amie bénévole lui conseille de déposer plainte contre Loïc. Elle s'y refuse. « Il est déjà en prison, qu'est-ce que cela changerait? Je ne ferai qu'aggraver sa situation. Je préfère jouer la carte de l'apaisement et espérer que le temps fasse son œuvre. »

En revanche, pour se prémunir d'une éventuelle vengeance lors d'une prochaine permission, elle contacte la prison et signale qu'elle ne l'accueillera plus chez elle. « La personne du service de probation est étonnée de ce que je lui décris, car en détention, il se comporte bien, il est calme, sans incident. »

Peu à peu, après six mois de harcèlement presque quotidien, les appels s'espacent. Une bouffée d'oxygène qui permet à la jeune femme de refaire surface.

« Il m'a fallu un an pour me reconstruire. Le temps m'a aidée. Je me suis tournée vers ma vie, mon fils. J'ai, malgré tout, le sentiment d'un énorme gâchis, parce que j'y ai cru et que j'ai fait pas mal de sacrifices pour lui. Je me dis aussi que si je ne l'avais pas rencontré, ça se serait peut-être passé autrement avec le père de mon fils… »

Malgré cette éprouvante rupture, les deux anciens amants ne coupent pas définitivement les ponts. Une fois apaisé, Loïc se manifeste et, en novembre 2021, lui annonce qu'il va recouvrer partiellement la liberté. « Sa colère est passée, il m'appelle pour me dire qu'il va être en semi-liberté d'ici quelques semaines et qu'il a trouvé un emploi sur un chantier. Il me dit que je suis toujours la femme de sa vie, mais n'interviendra plus dans la mienne. »

*

* *

Sigrid

La Française et son époux condamné à mort, eux non plus, ne se croisent plus depuis que l'administration pénitentiaire a suspendu les visites de Sigrid. Et malheureusement, tous ses recours sont épuisés. « La seule possibilité dont je dispose est de refaire une demande de visite à partir de février 2023 qui dépendra du bon vouloir du directeur de la prison », déplore-t-elle.

Une perspective démoralisante qu'elle enfouit sous une pile de dossiers, et anesthésie par des horaires de travail tardifs en supplément de sa vie de maman.

« Je débute ma journée à 6 h 30 pour préparer Søren et me rendre au travail. À 17 heures, je retourne le chercher à la crèche, puis je m'occupe de lui, et une fois qu'il est couché, je me mets derrière mon ordinateur pour me consacrer à mon association[2] – une structure qu'elle a créée avec une autre femme de condamné à mort et qui propose une mise en relation entre des correspondants du monde entier et des détenus américains – jusqu'à au moins 22 heures, parfois jusqu'à 1 heure du matin. Je suis épuisée, mais tant que je suis occupée, je ne déprime pas trop. »

Une situation qui néanmoins la mine, bien malgré elle. En dépression, elle reconnaît que les médicaments prescrits par son médecin lui sont indispensables, tout comme l'est son petit garçon, un soleil dans la noirceur carcérale dans laquelle son mari croupit sans elle. « Je prends une pilule magique tous les soirs qui me fait me sentir bien dans ces circonstances désespérées. Et mon petit gars m'a maintenue en vie, c'est certain. Il mange bien, il est plutôt

2. Wire of Hope.

grand pour son âge. Il commence à parler et se faire comprendre. C'est un petit garçon adorable. »

Un petit être qui permet aussi à son père de conserver le moral, très impacté par l'absence de sa femme. « Il a connu une vie totalement dissolue et déstructurée faite de délinquance et de drogue jusqu'à l'âge de 18 ans, puis il a été incarcéré et condamné à mort. Quand enfin il trouve une lueur d'espoir dans sa vie, on la lui prend du jour au lendemain. C'est inhumain ! »

D'autant que depuis début 2022, les conversations et échanges du couple sont aseptisés par l'approche de l'audience en requalification de la peine d'Alan.

Au mois de mars, Sigrid finit par exploser et des tensions apparaissent dans le couple. « Au prétexte que son procès approchait, on ne devait parler de rien qui pourrait être retenu ou utilisé contre lui, nos lettres et e-mails étant lus. Donc, évidemment, pas mention de l'affaire en elle-même, ni même de son passé non plus, et de l'avenir, bref de rien. »

Une distance s'installe, Sigrid, déjà fragilisée, reproche alors à son époux de ne plus lui écrire de lettres, fil rouge de leur histoire depuis toujours, mais seulement des courriers électroniques basiques et sans émotion.

« Je suis malheureuse et je pense que j'ai atteint mes limites. […] Tout le monde gagne sauf nous. Félicitations au sergent, au directeur et à tes avocats pour avoir atteint leur but. […] Je ne sais pas trop où je vais, je vais essayer de me calmer, d'arrêter de pleurer et de dormir, si possible. J'ai besoin de savoir que toi et moi formons une équipe, et qu'ensemble avec Søren nous formons une famille », lui écrit-elle un jour.

Alan, qui saisit alors la détresse de sa femme, la rassure et lui garantit tout son soutien et son amour.

« Je suis aux États-Unis uniquement pour lui. Il a compris que j'avais besoin de ses lettres d'autant plus depuis que nous sommes séparés physiquement. On s'était d'ailleurs dit que si un jour on vivait ensemble, on installerait une boîte aux lettres chez nous pour nous poster des mots, prouvant à quel point ce lien nous est essentiel. »

Ce malentendu dissipé, le couple se révèle plus soudé que jamais. « À aucun moment, je n'ai eu de doute sur notre amour, mais il était nécessaire de mettre les choses au clair. Sans se voir, ni se parler, la communication peut être difficile parfois et entraîner de mauvaises interprétations. » Comme un entracte dans cette tragédie au dénouement tardif, Sigrid reçoit parfois une photo de son époux. « Sa barbe est un peu plus grisonnante, mais il a toujours son beau sourire. Il me manque. »

En juin 2022, le procès d'Alan se profile. Avec anxiété et espoir, Sigrid décide d'y assister. En amont de l'audience, le couple bénéficie de parloir en vidéo alors qu'ils ne se sont pas vus depuis dix-huit mois. « Alan n'arrêtait pas de pleurer et moi de sourire, tellement j'étais heureuse de le revoir. »

En parallèle de cette douce parenthèse, dans l'enceinte du tribunal, l'enjeu est de taille. Soit la sentence d'Alan, c'est-à-dire la peine de mort, est reconfirmée, soit elle est évoluera vers une peine à perpétuité sans exécution, ce qui implique des changements notables concernant ses conditions d'incarcération, mais surtout la fin de cette effroyable menace de mort programmée.

Durant une semaine, psychologue, spécialiste en pharmacologie, agent de la pénitentiaire et membres de la famille de l'accusé, cités par la défense, défilent à la barre du tribunal, chacun œuvrant pour justifier, expliquer la commission des faits, car Alan ne peut les contester dans ce cadre. « Il ne s'agissait pas de réétudier sa culpabilité, puisque le simple fait qu'il ait participé au cambriolage précédant le crime le rend coupable de toute façon, mais de comprendre pourquoi la drogue, l'alcool et son enfance difficile – il était livré à lui-même dès l'âge de 12 ans et à la rue – avaient influencé ses agissements, et démontrer qu'aujourd'hui, il est un détenu exemplaire qui a réussi à construire une famille », développe Sigrid.

Le 16 juin à 12 h 30, les jurés se retirent pour délibérer. Quatre heures plus tard, le verdict tombe. La peine d'Alan est allégée en peine de prison à vie. « J'ai fondu en larmes, raconte Sigrid, abasourdie par ce revirement inespéré. Je suis tellement contente pour lui et pour mon fils. Je n'aurais pas voulu voir les dégâts que sa mort aurait provoqués sur notre enfant et moi, je serais devenue folle. »

Alan, heureux et déstabilisé, confie alors à sa femme se sentir « bizarre » : « C'est la première fois de ma vie que la mort ne m'attend plus. » Non seulement le détenu peut dorénavant se projeter dans l'avenir, mais concrètement, cette décision va aussi nettement changer son quotidien.

« Il ne sera plus à l'isolement complet et partagera sa cellule avec un autre détenu ; il devra travailler, une obligation en Floride, et pourra être affecté au service de la maintenance de la prison ou à la fabrication de pièces et objets pour le compte d'entreprises extérieures ; il aura accès au téléphone tous les jours et bénéficiera de deux fois plus de visites », égrène son épouse avec enthousiasme.

Alan transféré dans un autre établissement dès l'effectivité de la décision, tous les deux espèrent que Sigrid pourra obtenir le rétablissement de son droit de visite et ainsi retrouver une vie de couple plus épanouie.

*

* *

Laure

Celle de Laure et Christos est, en revanche, mise à mal.

Depuis la tentative d'évasion ratée de son compagnon, Laure a été suspendue de ses fonctions, dans l'attente des résultats de l'enquête. Elle risque alors dix ans de prison.

Les premiers temps, les liens sont évidemment rompus entre les amants. Le braqueur grec est à l'isolement et la surveillante a interdiction d'entrer en contact avec lui. « Dès qu'elle a pu le visiter, sa sœur est allée le voir et me donnait des nouvelles de lui, mais c'était long et très difficile d'être séparés brutalement de cette façon et c'était angoissant de ne pas savoir ce qu'on allait devenir chacun de notre côté. »

Quelques semaines plus tard, Christos se procure une puce téléphonique et appelle Laure.

« J'étais vraiment très heureuse et soulagée. Il ne m'en voulait pas et il souhaitait poursuivre notre relation. Mais il était dégoûté que notre plan n'ait pas marché, malgré mes avertissements. Ce qui m'a, en revanche, un peu choquée, c'est qu'il se plaignait de sa situation, mais ne pensait pas vraiment à moi. Il me disait que ce n'était pas grave d'avoir été suspendue parce que “ce n'était pas un métier pour moi”. »

Au fil des semaines, le détenu espace leurs conversations, n'admettant visiblement pas son échec et le reprochant peut-être à Laure. « J'ai eu de moins en moins de nouvelles. Ça a mûri dans ma tête, et j'ai compris que j'avais commis une grosse erreur. »

Cinq ans plus tard, Laure et Christos, alors qu'ils ne se sont pas revus depuis leur séparation, sont jugés devant le tribunal correctionnel de Chalon-sur-Saône. Les deux anciens amants, qui avaient nié les faits jusque-là, avouent tout. « Cela fait cinq ans que je vis avec ça, je n'ai rien dit parce que je ne voulais pas le trahir. J'étais follement amoureuse de lui », admet sans ambages l'ex-gardienne. Dans un ultime geste d'amour, interpréteront certains, dans une tentative désespérée de sauver les apparences, analyseront d'autres, le détenu assume son rôle. « C'est moi qui ai échafaudé ce plan. C'est quelqu'un qui m'a emmené les outils », explique-t-il à la Cour.

À l'issue des débats, le braqueur est condamné à deux ans de prison ferme et Laure à trois ans, dont deux avec sursis aménageables avec le port d'un bracelet électronique. Son fils, ayant joué un rôle mineur, écope de trois mois avec sursis.

Alors que Christos, menottes aux poignets, est emmené par les gendarmes, les ex-amants se lancent un dernier regard et chacun repart de son côté.

Chapitre VII
Le bilan

Sonia

Quatre ans après leur divorce, et malgré des menaces angoissantes, l'ex-surveillante tire un bilan positif de son idylle avec son ex-époux. « Nathanaël, c'est un coup de foudre, le premier de ma vie. Je n'ai rien pu faire pour empêcher mes sentiments pour lui, c'était trop fort. On ne peut rien contre l'amour », estime-t-elle.

Après leur séparation houleuse, les ponts étaient rompus entre eux, puis avec le temps, et pour le bien de leur enfant, l'ex-couple communique à nouveau, de façon pacifique.

« Aujourd'hui, on a des relations apaisées, c'est mieux pour notre fille. Je ne vois plus que le positif de notre histoire. Je n'ai plus peur. Et sans notre rencontre, je ne serais pas celle que je suis devenue. J'ai vécu les éloignements, les milliers de kilomètres en voiture, en train, parfois enceinte, les chambres d'hôtel, les parloirs, les courriers administratifs pour toutes ses demandes, les conflits, etc., mais je ne regrette rien. Je sais qu'il m'a aimée, mais à certains moments, ça m'a effleuré l'esprit qu'il m'avait peut-être un peu manipulée. Si je devais avoir des regrets, ce serait de ne pas avoir fini cette histoire jusqu'au bout. On n'a pas pu savoir comment ça se serait passé entre nous, dehors. »

Tous deux concentrent désormais leurs efforts sur le bien-être de leur enfant, une fillette de 10 ans, « sensible, équilibrée et joyeuse » selon sa mère.

« Nathanaël a obtenu une première permission de sortie de quarante-huit heures en juillet 2021. Il a pu passer du temps dehors avec notre fille. C'était une grande première. Le reste du temps, il manque à Lili, mais elle tient le coup. Elle est suivie par une psychologue depuis qu'elle est enfant, je préfère qu'elle soit encadrée pour son équilibre et sa stabilité.

« Elle sait depuis l'année dernière pourquoi son père a été condamné. Jusqu'à présent, elle savait seulement que son papa avait fait une grosse bêtise d'adulte. On en a parlé tous les trois avec son père au téléphone et elle a compris », affirme Sonia.

Sereine, la mère de famille a pu renouer avec l'amour auprès de Jérôme, un homme rassurant, rencontré sur un site Internet.

« J'ai mis beaucoup de temps à lui faire confiance après mon histoire avec Nathanaël. J'avais peur, je ne croyais plus les hommes, ni en l'amour. Jérôme a dû me présenter ses ex-compagnes pour me rassurer sur son caractère, et nous sommes restés chacun dans notre appartement pendant plus d'un an avant d'emménager ensemble. Aujourd'hui, j'apprécie chaque instant de notre vie de couple normale, tout ce que je n'avais pas dans ma précédente relation. Des moments simples comme les petits déjeuners, les sorties au restaurant, au cinéma, nous retrouver après le travail à la maison ou tout simplement dormir ensemble. Tout ça me plaît. J'aime la vie de couple ! »

*

* *

Claudine

Claudine, elle, a fait une croix sur une vie à deux classique en choisissant d'épouser un condamné à mort, mais pour le voir plus régulièrement, elle a tout mis en place afin de le rejoindre au plus vite.

« J'ai envoyé mon dossier pour obtenir le visa en juin 2022 et dès que je l'aurai obtenu, d'ici six à neuf mois, j'irai m'installer aux États-Unis avec mes quatre enfants », s'impatiente-t-elle, même si ce départ entraîne quelques sacrifices.

« Je ne vois ma mère qu'une fois par an puisqu'elle a rejoint la région parisienne, à huit cent cinquante kilomètres de nous, depuis déjà longtemps. Moi et les enfants, nous sommes habitués. En revanche, je suis très proche de mon père et je n'ai jamais vécu sans lui. On se voit tous les jours, et quand je partirai, ce seront un peu nos derniers au revoir, car, à 77 ans, je doute qu'il fasse un si long voyage régulièrement pour venir nous voir. Mais je ne peux pas passer à côté de ma vie et il l'a compris, je crois. »

Désormais très à l'aise aux États-Unis, la mère de famille s'y projette sans difficulté, avec l'espoir que l'ouverture d'esprit américaine qui lui plaît tant lui évitera les déconvenues et jugements dont elle a souffert en France.

« Je comprends que les gens puissent être choqués par notre relation, c'est évident. Je ne peux pas demander aux gens d'avoir mes opinions, ni ma croyance en la rédemption. Mais il est arrivé que je reçoive des commentaires haineux sur les réseaux sociaux me disant que je suis une mère irresponsable, débile, voire dangereuse pour mes enfants. Au début, j'étais troublée que l'on me juge ainsi, c'était injuste et faux. Maintenant, je laisse courir. »

Comme les autres couples, Claudine et Ronnie nourrissent leur avenir de projets, même si celui du prisonnier est fixé à jamais – situation qui n'entame en rien leur amour et leur optimisme. « Notre espoir aujourd'hui est de vivre l'un près de l'autre de façon à profiter de chaque instant que la vie nous offre, et espérer que tout cela nous remplira suffisamment de bonheur pour y repenser et survivre lorsque l'un de nous partira. »

Détenu dans le couloir de la mort depuis trente-deux ans, Ronnie espère lui aussi voir vieillir son épouse à ses côtés avant que peut-être, un jour, sa sentence soit effective. Si tel était le cas, il en serait informé trois semaines avant et serait exécuté par injection.

« Chaque année, il y a environ trois ou quatre détenus exécutés en fonction du retentissement médiatique de l'affaire. Celle de Ronnie est vieille et peu connue, mais je crains qu'un jour un gouverneur fraîchement nommé décide de faire de la place et d'exécuter tous les anciens détenus. C'est comme ça que ça fonctionne, c'est un système totalement déshumanisé. »

Une menace à laquelle Claudine s'est habituée, si tant est qu'on puisse l'être. « Bien sûr j'y pense, parfois plus, parfois moins, mais le plus angoissant, c'est qu'un jour, fatalement, l'un de nous deux va quitter cette terre et laisser l'autre. Et j'ai très peur qu'il me laisse. »

Des incertitudes et angoisses qu'elle a intégrées, acceptées, car selon elle, nul autre homme ne lui est aussi bien assorti.

« Je suis tombée amoureuse de Ronnie pour ce qu'il est aujourd'hui, j'ai accepté de prendre avec moi ses erreurs du passé, parce que de toute façon toute notre vie de couple nous y ramène. C'est un choix que je ne regrette absolument pas. Je n'aimerai plus jamais un homme à ce point, je le sais, il n'y en aura pas d'autre après lui. »

*

* *

Françoise

Pour Françoise, il n'y en a eu qu'un. Un unique amour, qui, trente ans après leur rencontre, lui a proposé de l'épouser. « Ce fut une demande simple, à table, mais elle représentait pour Claude l'aboutissement de la réussite de notre couple. »

C'est donc en Charente, à 65 et 67 ans et demi qu'ils se disent « oui » en présence de la famille de Françoise, dont ses trois petites-filles en demoiselles d'honneur.

On aurait pu penser que leur paisible vie allait se poursuivre ainsi, mais un évènement inattendu, surgi du passé, va totalement bouleverser Claude. Son enfant, son fils, perdu de vue quarante ans plus tôt, refait surface. Le garçon, prénommé Pascal, a retrouvé des courriers de Claude, datant de l'époque où il était incarcéré, cachés dans un tiroir dans la maison de sa mère.

Pendant longtemps, il a cherché ce père dont il ne savait presque rien, si ce n'est son nom : Jean-Claude François. C'est par l'intermédiaire d'un ami policier qu'il retrouve sa trace. « Ça a été un vrai choc pour Claude et une joie intense de le retrouver. »

L'homme en question n'est pas inconnu. Il s'appelle Pascal Brunner, il est comédien, chanteur, imitateur et anime l'émission à succès *Fa si la chanter.* « C'était troublant, car Claude m'avait toujours dit qu'il aurait voulu être acteur et chanteur. D'ailleurs il avait une très belle voix et quand il chantait, il incarnait vraiment l'interprète. Et là, il rencontrait son fils qui lui, avait suivi cette voie. »

Les retrouvailles ont lieu à Paris, place du Châtelet, le 4 avril 2009. « La première question que Pascal a posée à Claude était : “Est-ce que tu as déjà tué quelqu'un ?” Claude lui a dit qu'il n'avait jamais tiré sur personne pendant ses braquages, mais pendant la guerre en Algérie, c'est arrivé, et c'était pour se défendre. Pascal était rassuré. »

Père et fils évoquent ensuite leurs quarante années de vie respectives. « Pascal a compris que son père n'était pas indifférent à lui, il lui avait écrit et l'avait cherché. C'est ce qu'il voulait savoir », explique Françoise.

Les deux hommes se reverront à quelques occasions, et Claude ne laissera plus son enfant sortir de sa vie. « Pascal avait enregistré un disque avec ses propres textes et l'une de ses chansons parlait de l'absence du père. Claude l'écoutait souvent, les larmes aux yeux. »

Deux ans plus tard, Pascal Brunner développe un cancer de la gorge et meurt en 2015. « On a assisté à son dernier souffle à l'hôpital de Nice. » Venus de Charente, Claude et Françoise se présentent dès leur arrivée au chevet de l'imitateur. « Il était dans un semi-coma. Quand il a ouvert les yeux, il a vu son père et des étincelles sont apparues dans son regard. Il est mort quinze minutes plus tard. »

Malgré sa pudeur, Claude est dévasté, d'autant qu'il a appris, six mois plus tôt, qu'il souffrait d'un cancer du côlon. « Il subissait une journée de chimiothérapie à très forte dose toutes les deux semaines. Quand il sortait de ses séances, il était blanc comme un linge et tenait à peine debout. Ça a duré deux ans et demi. »

Puis Claude s'est éteint lui aussi. « Huit jours avant de mourir, il m'a prise dans ses bras et c'était comme au premier jour entre nous. J'ai ressenti le même amour que la première fois en prison. C'était lui, ça avait toujours été lui. »

De cette vie aux côtés du braqueur connu en détention, Françoise ne regrette rien.

« Notre rencontre a été une chance. J'ai compris que j'étais enfermée dans une prison intérieure due au manque d'affection ressenti dans l'enfance et Claude m'a ouvert à la vie. Il a toujours été d'une générosité totale, il aurait donné sa chemise pour nous. Il ne se souciait que de moi et de ma fille. J'aurais aimé mieux lui exprimer mon amour, mais la rigueur de mon éducation m'en a empêchée. On ne m'avait pas appris à faire ça. »

*

* *

Hélène

De son côté, la jeune jurée a rapidement signifié son amour au braqueur de postes, et n'en revient parfois pas encore.

« C'est totalement improbable, ce qui nous est arrivé ! » se dit-elle, quinze ans plus tard. Dès les premiers parloirs, j'ai su qu'il serait à la hauteur de mes attentes. Lors de nos conversations, on s'élevait l'un l'autre. »

En souvenir du début de leur relation, un paquet de lettres précieusement conservé dans une boîte en bois, dont la première, tapée à la machine à écrire et imprimée sur un papier ocre, atteste des années écoulées – tâchée, écornée, déchirée par endroits, elle est conservée comme un trésor. « Nous les avons gardées en mémoire de cette magnifique histoire », confirme Hélène.

Ismaël conserve, lui, la première photo d'Hélène reçue en prison, dans un compartiment de son portefeuille.

À l'épreuve de la prison, du jugement, des résurgences d'un passé qui met du temps à s'effacer, Hélène et Ismaël ont tenu bon.

« Notre relation est solide parce que ce n'est pas seulement lui qui s'appuie sur moi, moi aussi je m'appuie sur lui. Jamais je n'ai été honteuse du passé de mon mari. Mais avec certaines personnes, peu ouvertes et assez bornées, il est inutile de leur dire qu'il a fait de la prison, car c'est aller au-devant d'incompréhensions et de jugements. D'ailleurs, certains de mes oncles et tantes ne sont même pas au courant. Être une femme de criminel, cela nécessite d'admettre le jugement, mais il faut aussi supporter le système carcéral et avoir beaucoup de courage, de patience. Le monde ne nous fait pas de cadeau. Les gens pensent que nous sommes des folles, c'est triste. Si j'avais choisi un médecin ou un avocat, comme me le suggérait Ismaël le jour de notre première rencontre au parloir, ma vie aurait été tout autre, c'est sûr, mais je n'ai aucun regret. »

Désormais, le couple et leurs quatre enfants vivent un bonheur simple, une félicité qu'Hélène a toujours souhaitée et rendue possible grâce aux choix qu'elle a faits quinze ans auparavant.

« Si tout était à recommencer, je ne changerais rien du tout, je referais tout de la même manière, avec la même foi, le même amour. La réincarcération d'Ismaël a été évidemment douloureuse et difficile, mais moi comme les enfants, nous en sommes sortis grandis. Cela les a préparés à la vie, qui ne sera pas toujours facile. Pour ma part, je me suis découvert une volonté et une force à toute épreuve que je n'imaginais pas.

« Tout n'est pas réussi, mais on s'en sort. Il a été longtemps encore influencé par ses anciennes connaissances, mais je suis fière de ce qu'il a accompli. Je l'aime comme je n'ai jamais aimé personne. »

Fiers de leur tribu, Ismaël et Hélène envisagent de l'agrandir et d'accueillir un cinquième enfant qu'ils souhaiteraient adopter.

*

* *

Agnès

À la tête d'une famille de deux garçons, dont l'aîné a été adopté de fait par Gabriel, l'ex-surveillante et son mari sont très attentifs et veillent au grain.

« Gabriel est un père autoritaire, tout comme moi, car il ne veut pas que nos enfants connaissent la délinquance, voire la prison. Il est sévère, mais aussi protecteur. Il s'occupe très bien d'eux. Il adore coiffer le petit dernier, lui faire des tresses africaines. Il aime aussi cuisiner et, les week-ends, on fait des balades dans la campagne autour de chez nous. »

Une vie de famille simple à l'extérieur de la prison, à laquelle ils ont toujours aspiré. « Pour nous la routine de monsieur et madame Tout-le-Monde, on l'a beaucoup attendue, alors on est heureux de la vivre. On est libres, on n'a plus de contrainte et on est comme tout le monde, ou à peu près ! »

Elle aussi regrette les jugements, les reproches et l'impact de son choix sur l'éclatement de sa famille.

« Je n'ai plus de nouvelles de ma mère depuis neuf ans. Je suis encore en lien avec mon père, on s'appelle, on se voit, mais on évite de parler de mon mari et il refuse de le croiser. Mon grand-père nous a foutus dehors quand j'ai voulu le lui présenter, il y a quelques années. Personnellement, j'ai de la colère envers eux parce qu'ils ne l'acceptent toujours pas, alors que les années ont passé. Nous sommes un couple solide et il a montré une réinsertion irréprochable. Heureusement, je vis loin, ça aide à prendre de la distance et je n'ai pas besoin d'eux. »

Un regard que la société porte sur elles aussi, ces femmes de criminels, qu'Agnès souhaiterait moins féroce.

« Ce qui m'est arrivé peut arriver à tout le monde. J'étais quelqu'un de très carré, pleine de principes et je jugeais justement ces relations. Pourtant, ça m'est tombé dessus ! Et contrairement à ce que l'on pense, nous ne sommes pas manipulées. Il peut y avoir de belles histoires malgré les murs d'une prison. »

Pour preuve, les trois boîtes à chaussures remplies de missives qu'elle conserve comme témoignage de leurs premiers émois et de la construction de leur couple.

« On aurait pu faire vivre la poste à nous deux ! Ces courriers, c'est tout ce qu'on avait parfois pour communiquer. Pourtant la prison n'a jamais été un frein à notre histoire, on n'a pas voulu lui laisser trop de place et nous empêcher d'avancer. Et on a bien fait. Mais aujourd'hui avec du recul, je me dis qu'il a fallu du courage. »

L'attente, les déplacements, les remarques en détention, les transferts soudains, ils ont tout bravé. « On n'a rien lâché et c'est une fierté. Beaucoup de choses auraient pu nous séparer. »

Dehors, après quelques ajustements, ils ont su trouver leur équilibre.

« Après douze ans de couple, entre nous ça se passe toujours aussi bien. Nous sommes toujours aussi complices, on se taquine l'un l'autre. Nous avons une belle maison avec un jardin agréable. On part en vacances ensemble, on est réunis avec les enfants pendant les fêtes de Noël. Je peux me reposer sur lui, maintenant il est là. »

*
* *

Chloé

« Je me suis souvent demandé pourquoi je m'étais lancée dans une telle aventure, s'interroge l'ex-professeure bénévole. J'aurais dû arrêter avant pour moins souffrir », admet-elle.

Sa passion pour Loïc a laissé des traces encore présentes, quatre années après leur séparation.

« Cette histoire m'a détruite. J'ai été dénigrée, malmenée psychologiquement. C'est insidieux et j'ai des séquelles. Encore aujourd'hui, je fonds en larmes et je panique si quelqu'un s'énerve contre moi et hausse le ton. Je ne gère pas du tout les disputes, je suis tétanisée. Ça a révélé une fragilité chez moi que je n'imaginais pas, je pensais être plus forte. Et je m'en veux d'avoir accepté ça, regrette Chloé, estimant aussi qu'elle n'avait pas évalué une telle violence chez son compagnon.

« En prison, lorsqu'il avait un conflit avec un autre détenu ou un gardien, il gérait la situation. Il était agacé, mais pas effrayant, ni inquiétant, comme j'ai pu le voir à l'extérieur. Je ne pensais pas que ça irait si loin. Je croyais que le soutien que je lui apportais l'aiderait à s'apaiser, mais le mal était trop profond, je n'ai rien pu faire. Pour autant, je ne lui en veux pas. De sa colère, de tout ce qu'il a déversé sur moi. Son passé, son enfance l'ont traumatisé. »

Pour l'aider à tourner la page, elle a récemment supprimé toute trace de leur relation quelque temps après un appel de Loïc.

« Il m'a rendu presque toutes mes lettres la dernière fois que nous nous sommes vus. Moi, j'ai gardé les siennes longtemps. Je les ai brûlées il y a peu. J'étais soulagée, et en même temps nostalgique de nos débuts. Notre histoire aurait pu être belle s'il n'avait pas été si torturé. Il m'a contactée en début d'année pour m'informer que son aménagement de peine avait été annulé. Il avait trouvé un emploi et devait sortir en mars, mais quelqu'un l'a dénoncé auprès de l'administration pénitentiaire parce qu'il avait un téléphone portable. Il voulait savoir si c'était moi. J'étais ennuyée pour lui, mais aussi un peu rassurée, car je suis persuadée qu'il aurait cherché à me retrouver. Mais je suis passée à autre chose.

« Depuis quelques mois, je vis une relation apaisée, plus stable émotionnellement et plus assumée. Je n'ai plus à mentir et je ne ressens plus ce sentiment de solitude, car je peux me confier à mes proches si besoin. »

Chloé a d'ailleurs récemment raconté son aventure avec un criminel à son conjoint actuel. Le seul à être dans la confidence.

« Il a été très surpris, mais ne me juge pas. Il accepte ma vie passée, il est très compréhensif. Maintenant nous regardons ensemble vers l'avenir. Personne d'autre n'a jamais su que j'avais eu une relation avec un détenu et ça, je m'en félicite. Notamment le père de mon fils, qui aurait peut-être essayé de me l'enlever. Mais aussi j'ai préservé le regard de ma famille sur moi. Il est intact. »

Comme dans chaque relation de couple, la jeune femme apprécie avant tout le partage qui lui manquait tant quand elle fréquentait Loïc. « On part en week-end, en vacances. Plus simplement, je suis heureuse de partager nos repas, de dormir ensemble chaque soir. Avec Loïc, on était au téléphone et on décrivait tout, mais on vivait ça chacun de notre côté finalement. »

Malgré l'échec de leur histoire, Chloé se veut positive. « L'amour en prison, c'est possible. Parfois, ça fonctionne et ce sont de belles histoires. Les gens devraient les accepter sans juger parce qu'on a tous un passif, et pas toujours glorieux. N'importe qui peut se retrouver incarcéré pour une bêtise ou un accès de colère incontrôlé », prévient-elle.

Ultime étape de la clôture effective de cette vie, Chloé et son compagnon ont emménagé ensemble dans une maison à la campagne. « Mon déménagement a été une dernière marche pour définitivement tourner la page. Il n'y a plus aucun risque que l'on se croise. »

*

* *

Sigrid

Jusqu'en juin 2022, le 16 précisément, elle pensait ne plus revoir son mari, du moins pas avant 2023, et dressait un bilan en demi-teinte de sa vie de femme de détenu.

Depuis, leur avenir s'est éclairé, illuminé par cette nouvelle décision de justice, même si leur vie de couple et de famille reste conditionnée par la prison. Indéniablement, Sigrid aurait préféré une autre vie, plus simple et facile, mais elle et Alan étaient destinés l'un à l'autre, elle en reste convaincue.

« On a essayé de ne pas être ensemble, c'était impossible à partir du moment où j'ai compris que j'avais trouvé "ma" personne. Je n'aurais jamais fait tous ces efforts pour quelqu'un d'autre. Oui, c'est une vie de sacrifice. J'aimerais pouvoir dormir avec mon mari, sortir avec lui au restaurant, partir en voyage, l'avoir près de moi tout simplement. Ce n'est pas possible, je le sais depuis le début, je l'ai accepté, car c'est mon âme sœur, on se complète, on se comprend. Il est un confident parfait, un partenaire de vie et un mari idéal. Un père impliqué aussi. Les frontières, la culture, la langue, la prison, rien ne nous a empêchés de nous aimer. »

Pas même la responsabilité d'assumer seule un enfant : « J'ai la crainte de ne pouvoir offrir à mon fils tout ce qu'il veut parce que je ne perçois qu'un seul salaire, et la vie est horriblement chère aux États-Unis, mais grâce à mon travail, j'ai au moins une bonne assurance maladie, essentielle ici. »

Ni le qu'en-dira-t-on ni l'enthousiasme mitigé de sa famille ne l'ont dissuadée de rester auprès d'Alan :

« Avec mes proches, c'est parfois compliqué. Encore maintenant, la situation d'Alan ne passe pas auprès de ma mère. Ce n'est pas une vie qu'elle voulait pour moi. Ces relations dérangent les gens. Ça fait peur de se dire qu'une femme jeune, équilibrée, épanouie, puisse tomber amoureuse d'un prisonnier. Mais ça peut arriver à tout le monde. Pourtant les gens ou les médias préfèrent verser dans la caricature et nous décrire comme des groupies hystériques de tueurs sanguinaires. Mais on ne choisit pas de tomber amoureuse d'un détenu ou d'un condamné à mort. C'est une vie difficile. Aujourd'hui si je pouvais faire autrement, je ne voudrais pas être dans cette situation. »

En livrant son histoire, elle espère faire évoluer les mentalités et prône la tolérance du cœur.

« Les gens me regardent de façon condescendante, mais moi je n'ai jamais eu ce regard à l'égard des autres. Et puis, quand on est à notre place, on comprend. Toutes les femmes de détenus savent. Je comprends qu'on se dise qu'un homme comme ça n'apporte rien. Ni argent, ni sécurité, ni relation intime, ni avenir. Et pourtant, il m'apporte tant. Nous avons tout de même une intimité qui est bien plus forte que celle que j'ai vécue avec d'autres partenaires. C'est un cadeau d'avoir trouvé mon *alter ego*.

« J'entends toutes les réactions possibles, mais j'aimerais qu'on me comprenne aussi et qu'on se mette à ma place. Quand je lis parfois qu'être avec Alan est un manque de respect pour ses victimes, d'avoir un enfant avec lui est irresponsable, ou encore que mon fils héritera certainement des gènes de son père et deviendra un tueur, c'est d'une violence inouïe. Moi, je n'ai rien fait et j'ai le droit de vivre ma vie. Et Alan a un cœur et c'est un bon père. »

*

* *

Laure

La belle histoire de l'ex-surveillante s'est, elle, soldée de façon brutale et fracassante. Aujourd'hui Laure n'a plus envie de remuer tout ce passé à la fois fabuleux et douloureux. « Il me manque », disait-elle encore trois ans après les faits, tenant entre ses mains le médaillon qu'elle avait fait graver à leurs deux prénoms.

« Je ne veux pas croire qu'il m'ait manipulée, mais avec le temps je me dis que c'est possible qu'il se soit moqué de moi, admet-elle, fataliste. Avec du recul, aujourd'hui, je me dis que c'était complètement fou, mais sur le moment, rien ne pouvait m'arrêter. »

Par amour, Laure a même impliqué son fils de 18 ans au moment de l'évasion. Un amour fou, irraisonné.

« Je n'aurais jamais dû lui demander une chose pareille. Je regrette. C'est contre-nature, de mettre son enfant en danger. J'étais aveuglée par l'amour que je vouais à cet homme. Mon corps pensait à lui, ma tête ne vivait que pour lui. Tout ce que je faisais, c'était pour lui. Tout était organisé en fonction de lui », justifie-t-elle.

Une folle passion qui lui a coûté cher. « J'ai tout perdu : mon travail, ma maison, et ça a entraîné une situation de surendettement. J'étais loin d'imaginer toutes ces conséquences. J'avoue que je suis allée trop loin. »

Pendant des années, Christos est resté très présent dans la tête et le cœur de l'ex-surveillante. Après cette affaire, Laure s'est installée dans un petit village en province et a changé de métier pour devenir commis de cuisine dans une crèche. Elle a aussi rencontré quelqu'un d'autre.

Une nouvelle vie qui ne lui fera pourtant « jamais oublier cette histoire ».

Table

Achevé d'imprimer par DUPLIPRINT,
en août 2022,
N° d'imprimeur : 2022073137
Dépôt légal : octobre 2022

Imprimé en France